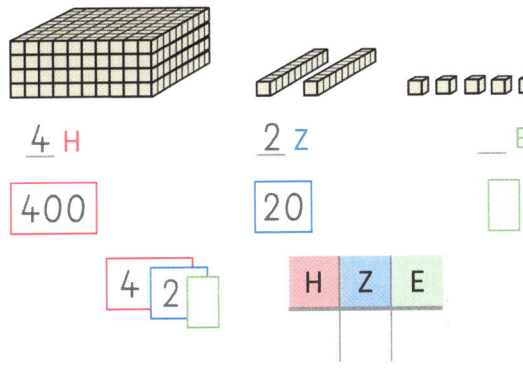

4 H   2 Z   __ E

400   20

4 2

H	Z	E

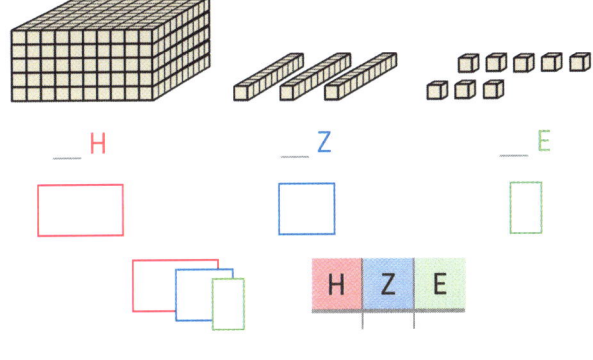

__ H   __ Z   __ E

H	Z	E

AF178935

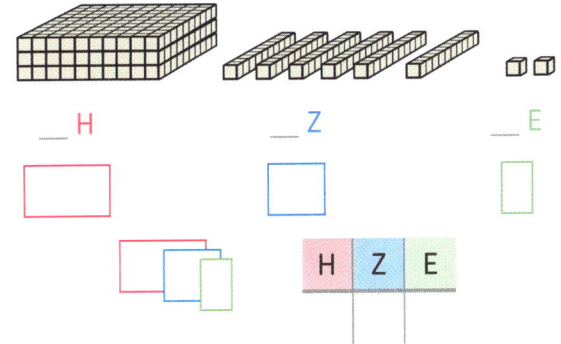

__ H   __ Z   __ E

H	Z	E

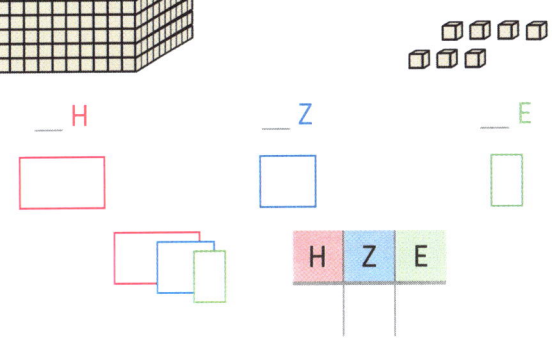

__ H   __ Z   __ E

H	Z	E

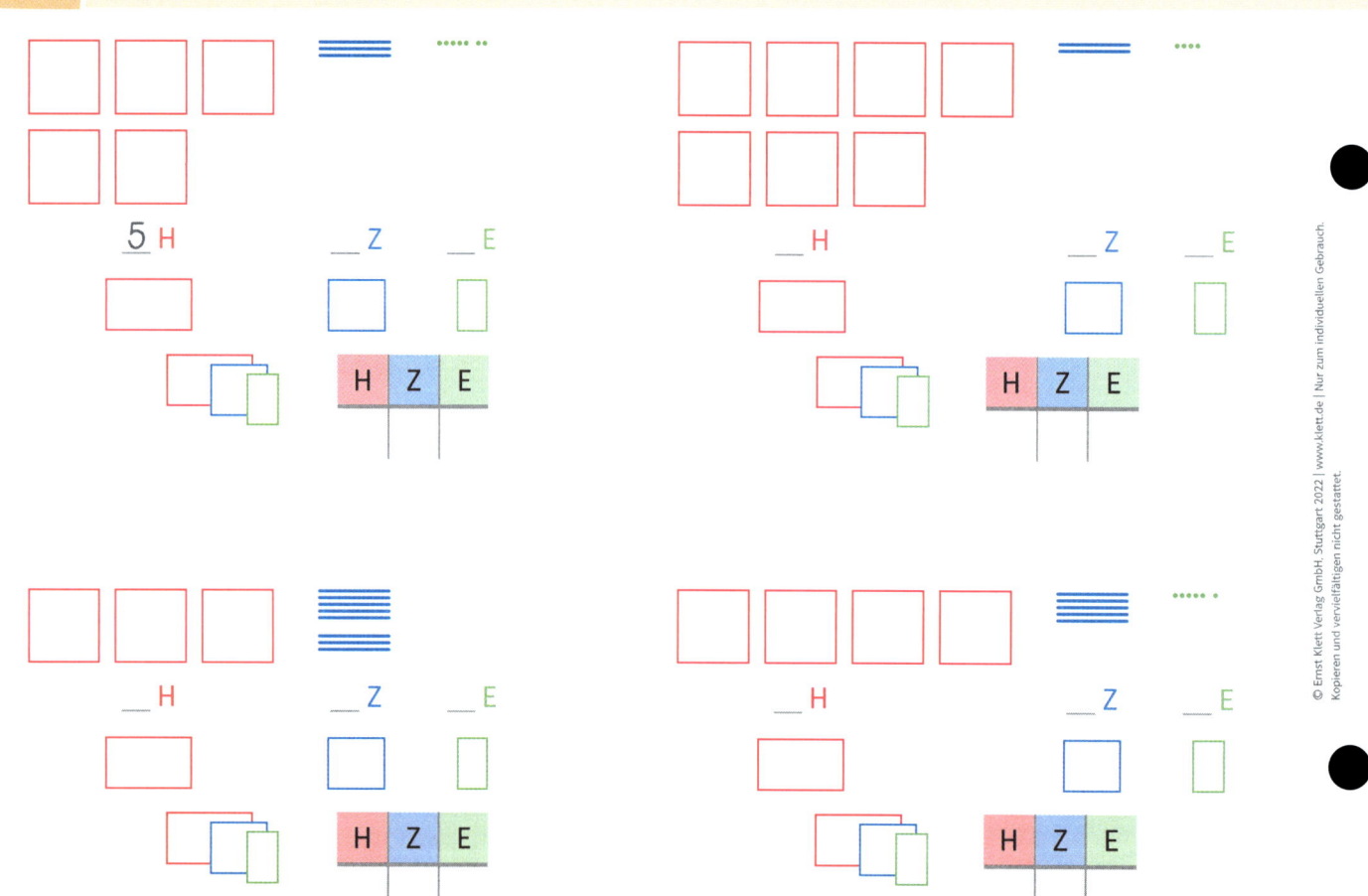

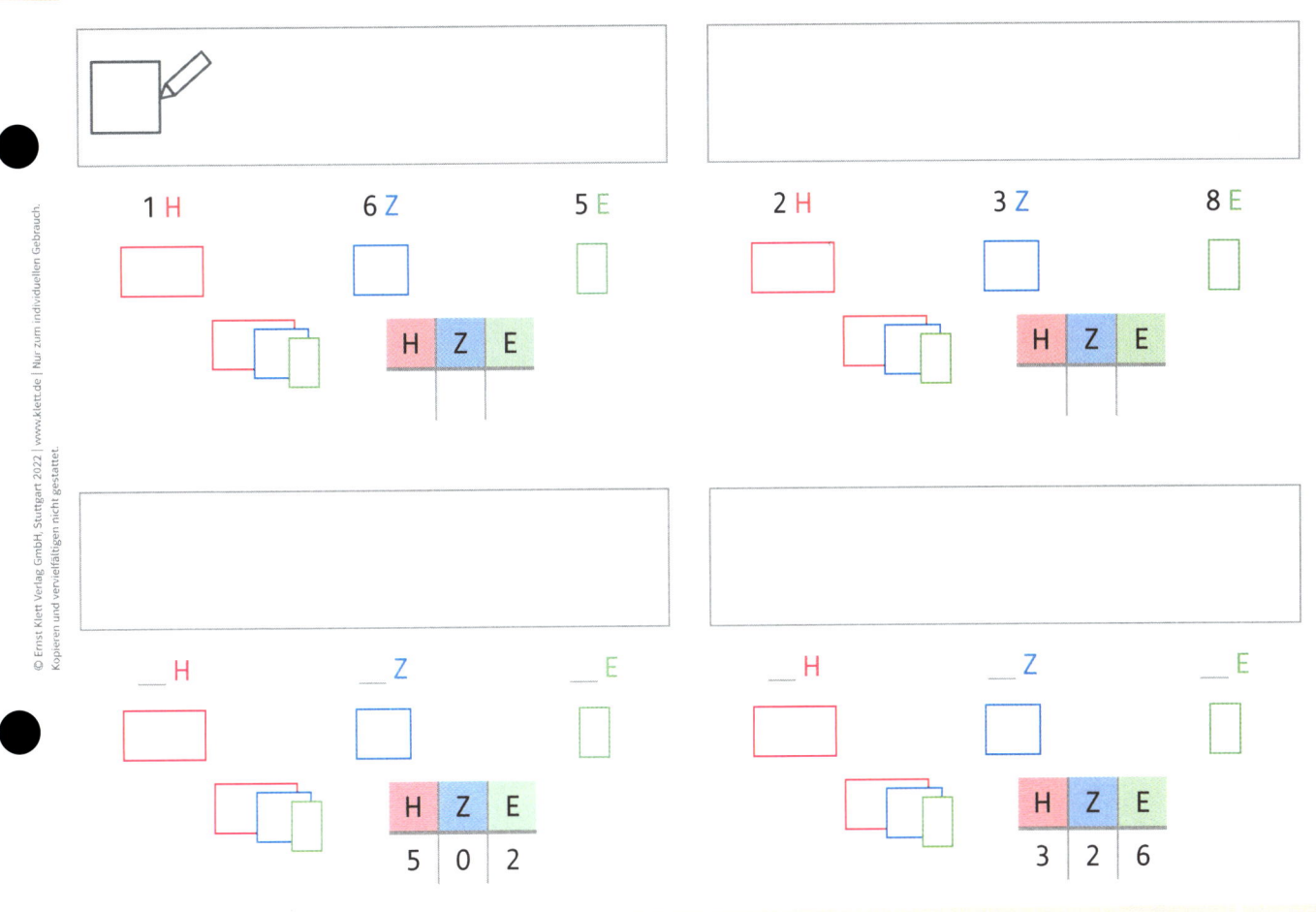

Tausche, zeichne und notiere die Zahlen. Beginne mit den Einern.

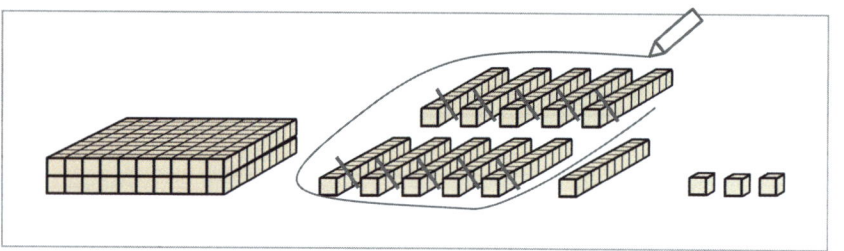

| 300 | 10 | 3 |

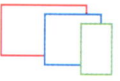 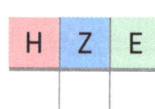

H	Z	E

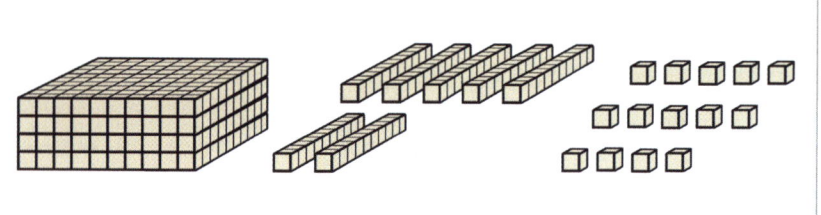

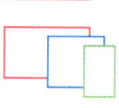 

H	Z	E

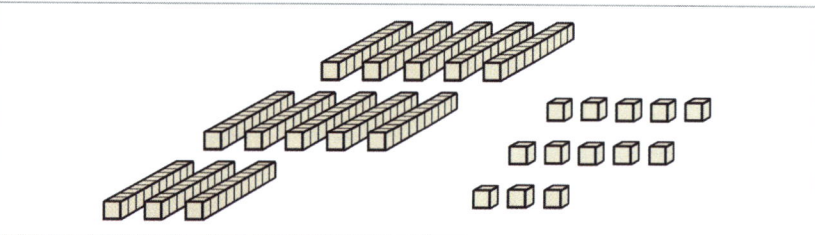

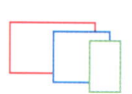 

H	Z	E

Themenheft A,   Verbrauch S. 17   Ausleihe S. 13

Tausche, zeichne und notiere die Zahlen. Beginne mit den Einern.

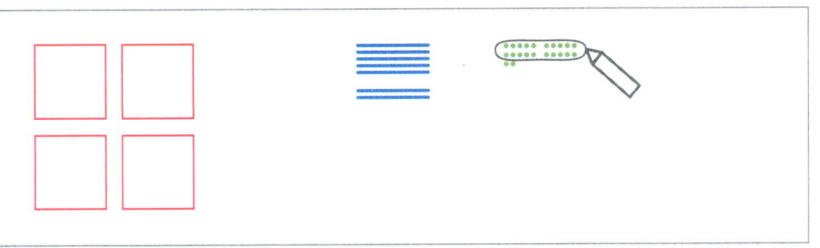
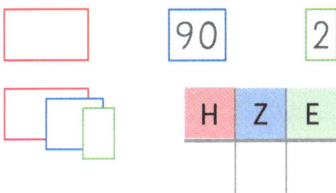

H	Z	E
	90	2

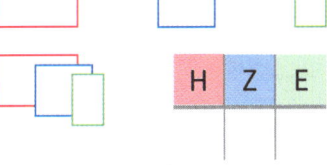

H	Z	E

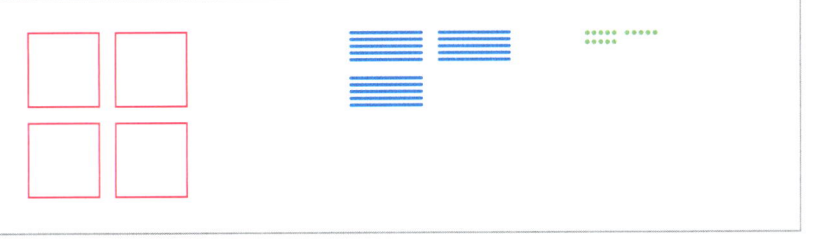
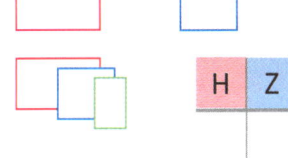

H	Z	E

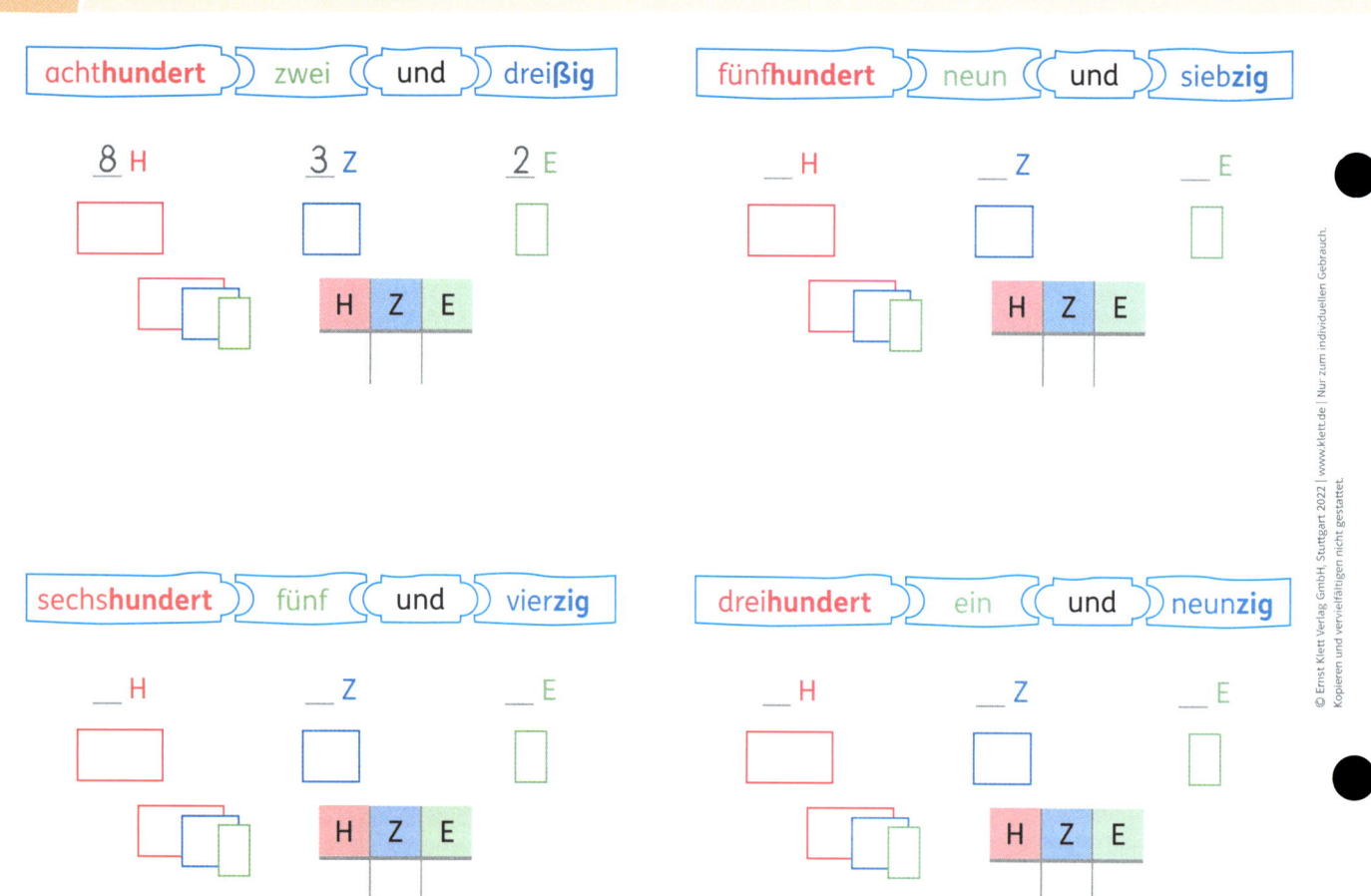

achthundert) zwei (und) dreißig

<u>8</u> H   <u>3</u> Z   <u>2</u> E

H Z E

fünfhundert) neun (und) siebzig

__ H   __ Z   __ E

H Z E

sechshundert) fünf (und) vierzig

__ H   __ Z   __ E

H Z E

dreihundert) ein (und) neunzig

__ H   __ Z   __ E

H Z E

Stelle die Zahlen unterschiedlich dar.

$3\ 5\ 7$ = ⬜ + ⬜ + ⬜

⬜ = ⬜ + ⬜ + ⬜

⬜ = ⬜ + ⬜ + ⬜

⬜ = ⬜ + ⬜ + ⬜

⬜ = ⬜ + ⬜ + ⬜

523 = <u>500</u> + <u>20</u> + <u>3</u>

216 = _____ + ____ + __

784 = _____ + ____ + __

205 = _____ + ____ + __

188 = _____ + ____ + __

940 = _____ + ____ + __

507 = _____ + ____ + __

489 = _____ + ____ + __

660 = _____ + ____ + __

467 = _____ + ____ + __

111 = _____ + ____ + __

65 = _____ + ____ + __

4 8 5	= 400 + 80 + 5
___	= 200 + 70 + 9
___	= 700 + 50
___	= 300 + 7

Lege nach.

___	= 300 + 50 + 4
___	= 600 + 20 + 1
___	= 100 + 8
___	= 60 + 2

253

H	Z	E

__H __Z __E

zweihundert _____ -

und _____

428

H	Z	E

_____ hundert _____ -

und _____

__H __Z __E

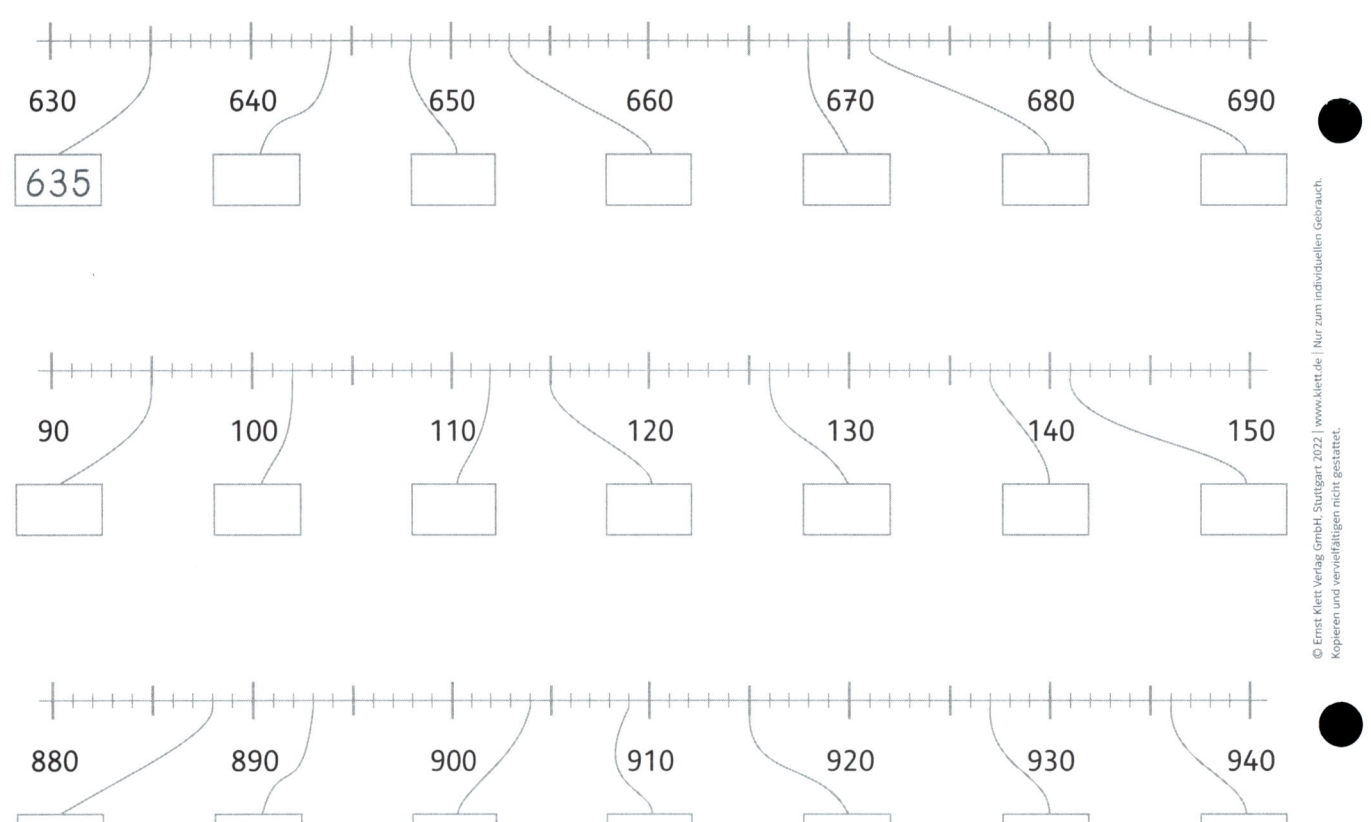

630   640   650   660   670   680   690

| 635 | | | | | | |

90   100   110   120   130   140   150

880   890   900   910   920   930   940

100	110	120	130	140	150	160
102	124	117	135	128	146	159

250	260	270	280	290	300	310
254	272	263	284	279	306	295

380	390	400	410	420	430	440
396	385	402	399	414	431	427

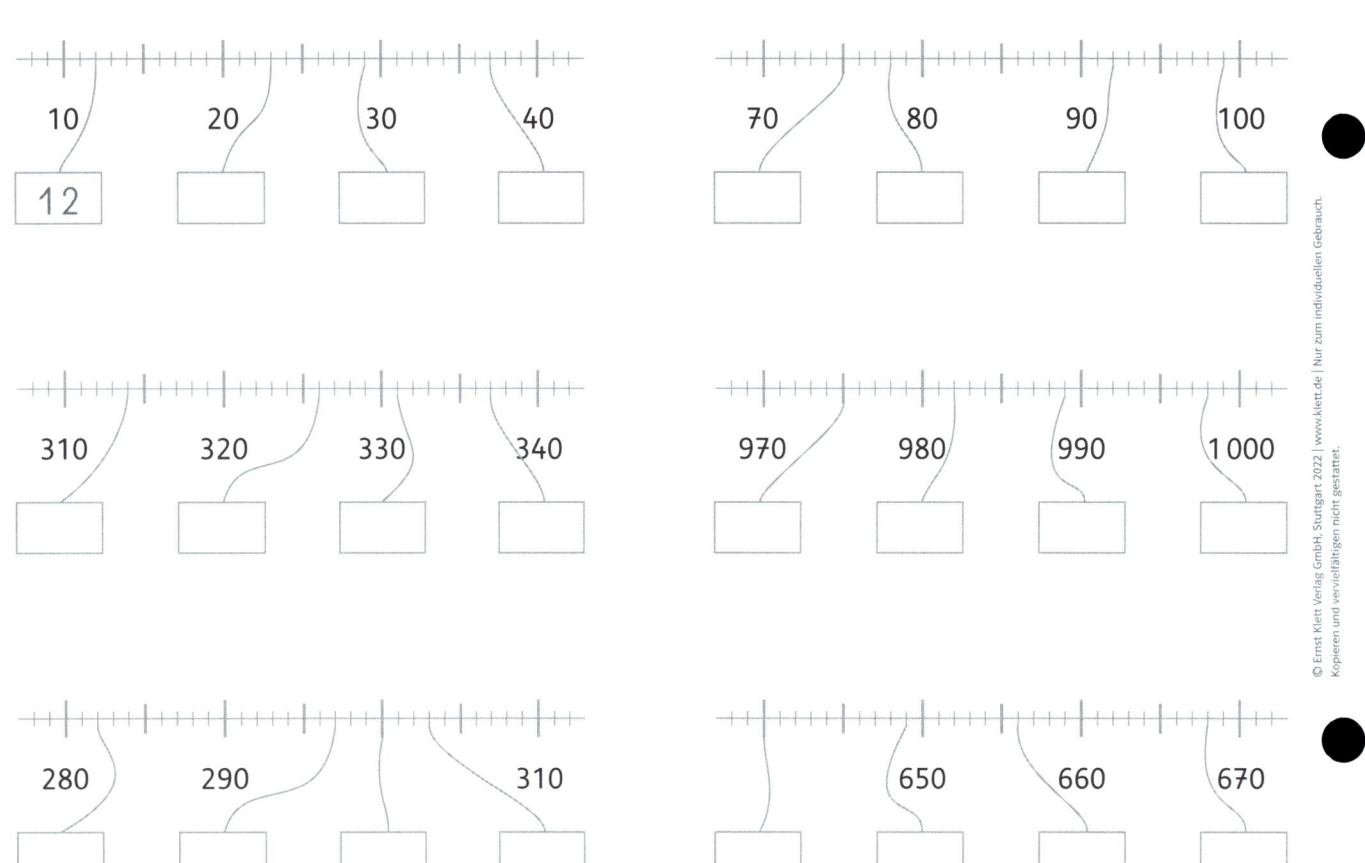

Themenheft A,   Verbrauch S. 25   Ausleihe S. 19

Trage Vorgänger und Nachfolger ein.

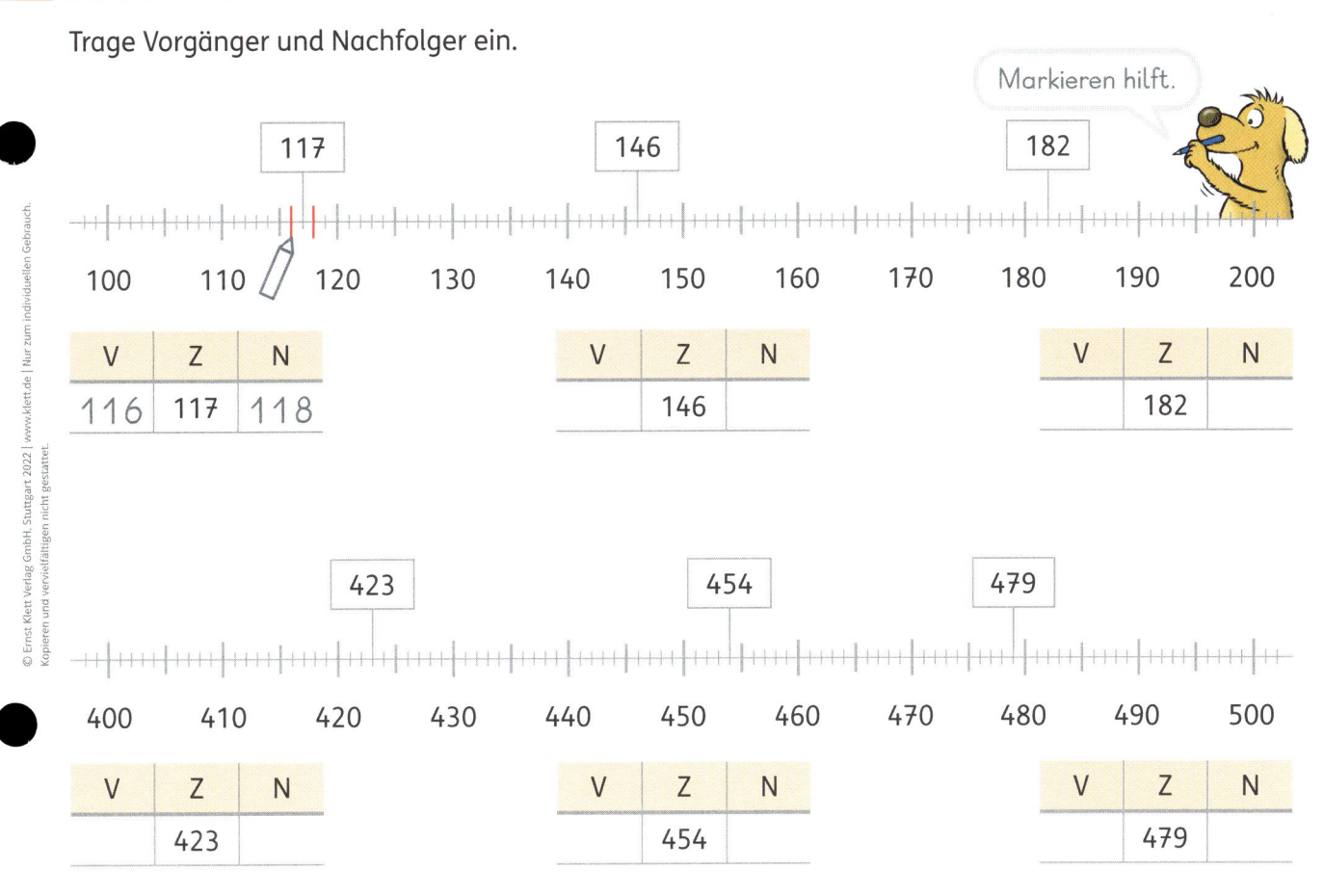

Markieren hilft.

V	Z	N
116	117	118

V	Z	N
	146	

V	Z	N
	182	

V	Z	N
	423	

V	Z	N
	454	

V	Z	N
	479	

Trage die Nachbarzehner ein.

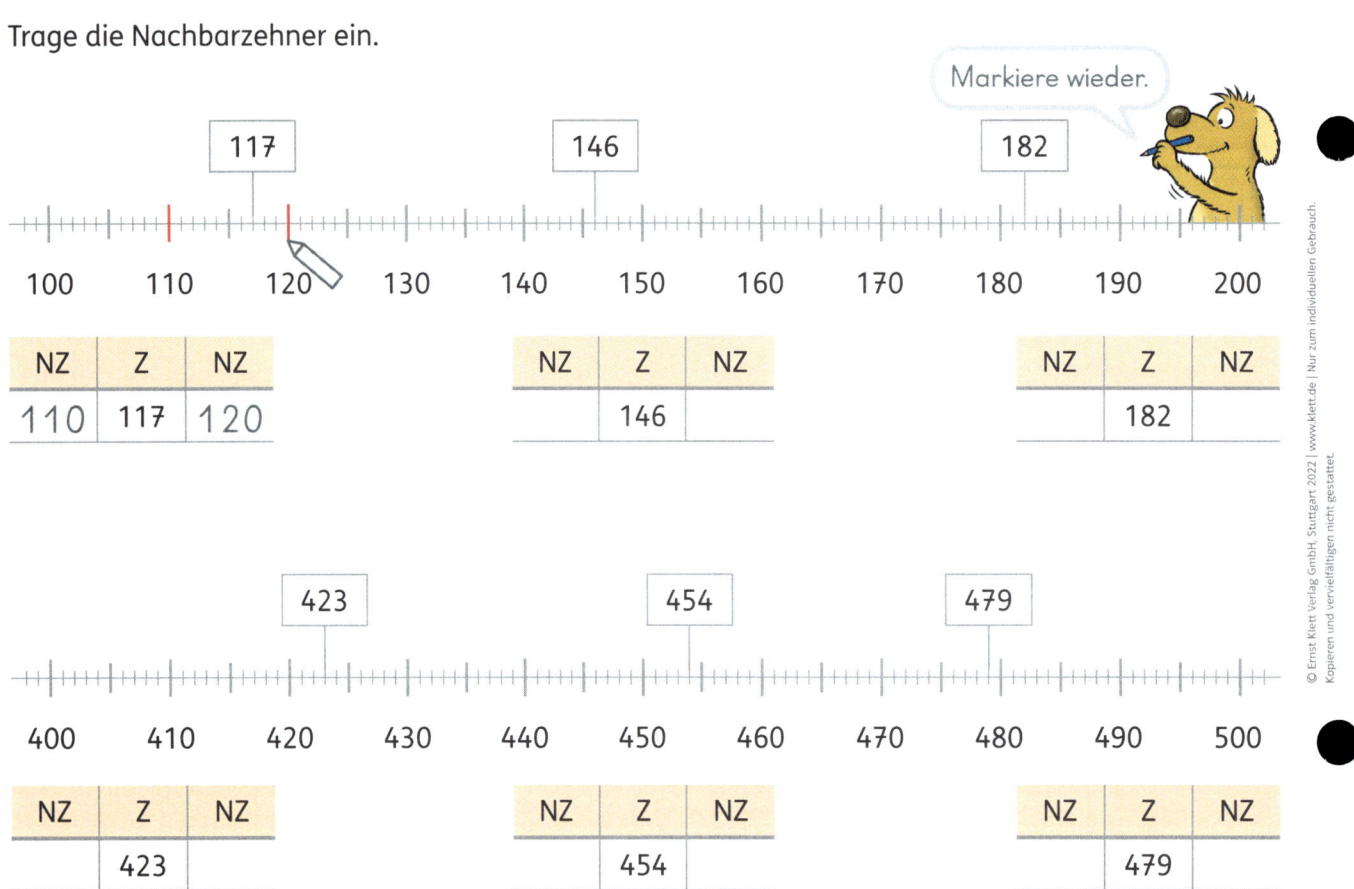

Markiere wieder.

117   146   182

NZ	Z	NZ
110	117	120

NZ	Z	NZ
	146	

NZ	Z	NZ
	182	

100 110 120 130 140 150 160 170 180 190 200

423   454   479

400 410 420 430 440 450 460 470 480 490 500

NZ	Z	NZ
	423	

NZ	Z	NZ
	454	

NZ	Z	NZ
	479	

⬚ Themenheft A,   Verbrauch S. 26   Ausleihe S. 20

Trage die Nachbarhunderter ein.

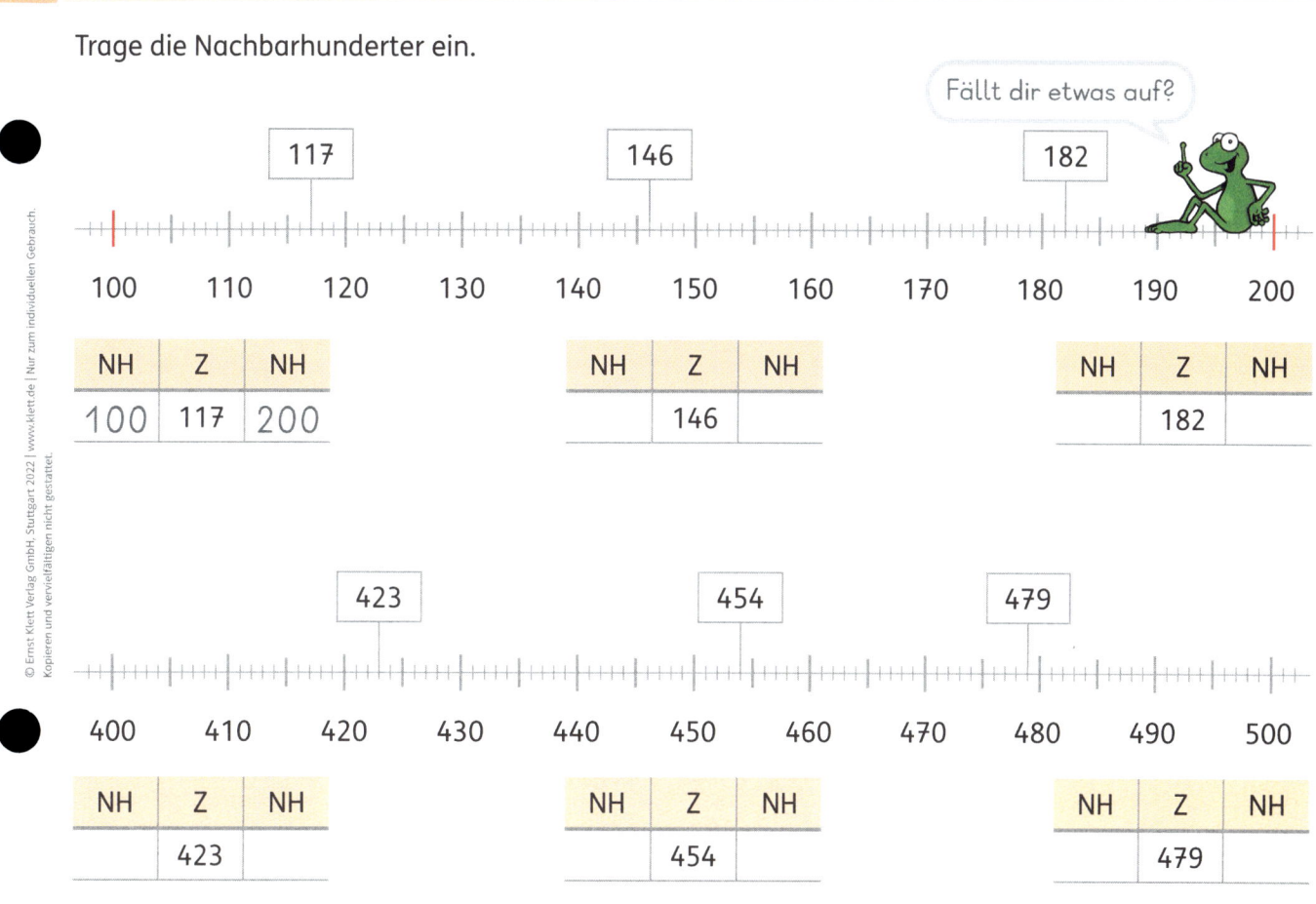

Fällt dir etwas auf?

117   146   182

100 110 120 130 140 150 160 170 180 190 200

NH	Z	NH
100	117	200

NH	Z	NH
	146	

NH	Z	NH
	182	

423   454   479

400 410 420 430 440 450 460 470 480 490 500

NH	Z	NH
	423	

NH	Z	NH
	454	

NH	Z	NH
	479	

<, > oder = ?

320 ⊘ 230

Themenheft A,   Verbrauch S. 28   Ausleihe S. 22

Ordne die Zahlen der Größe nach. Beginne mit der kleinsten Zahl.

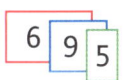 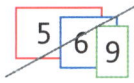

569 < 596 < _____ < _____ < _____ < _____

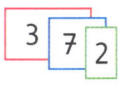 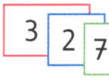 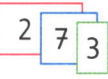 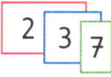

_____ < _____ < _____ < _____ < _____

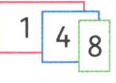 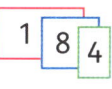

_____ < _____ < _____ < _____ < _____

Welche Zahlen könnten es ungefähr sein? Male an.

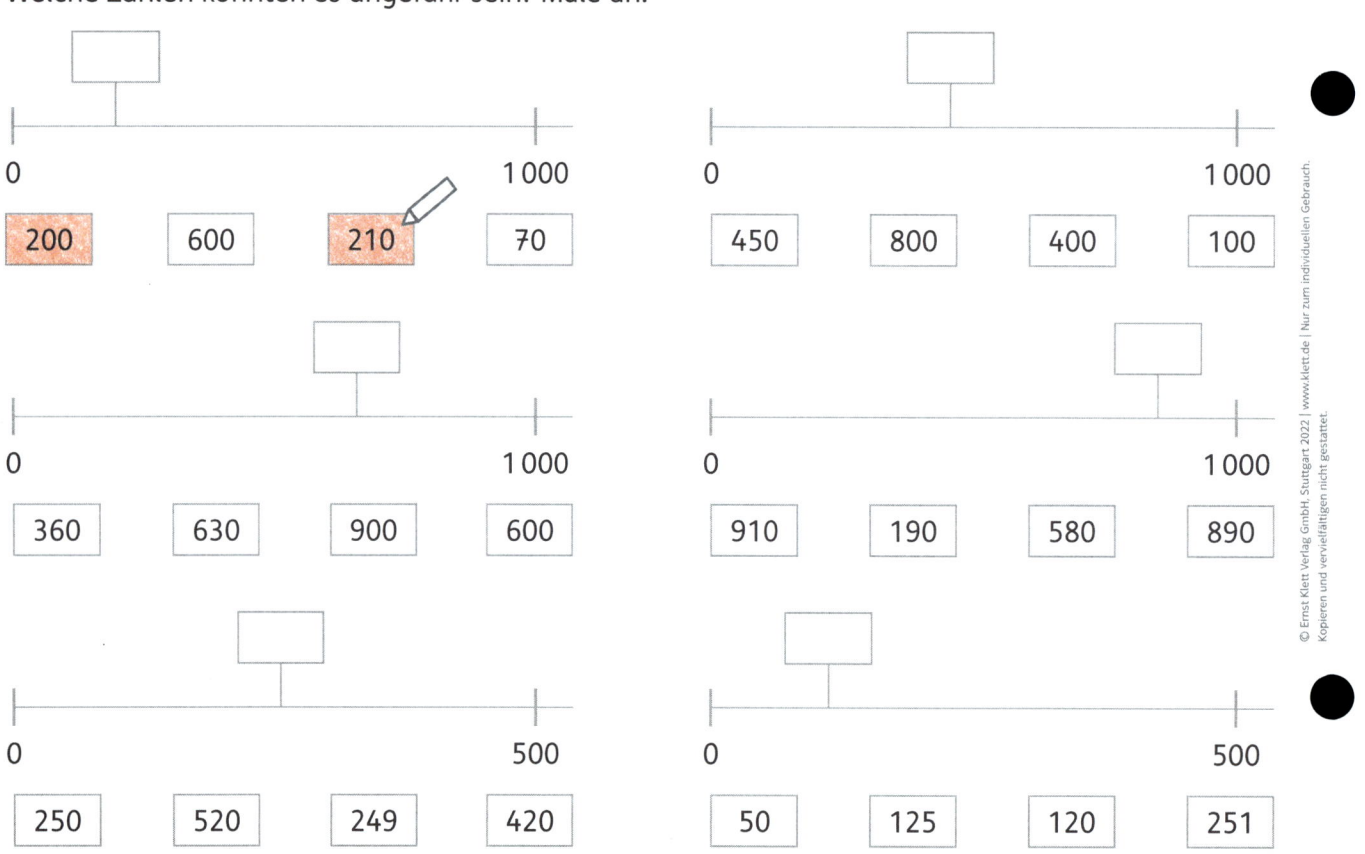

Zahlen bis 1000

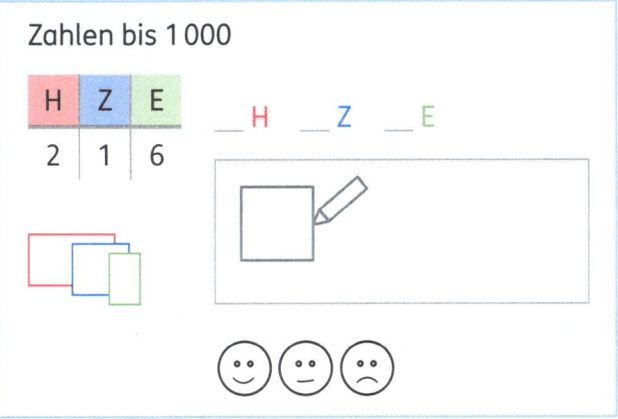

Zahlen zerlegen

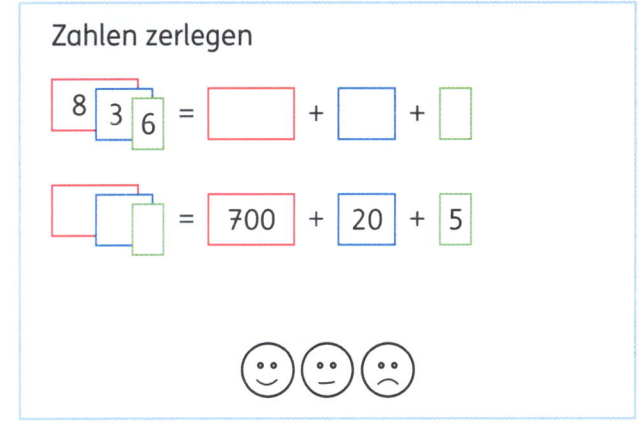

Zahlenstrahl

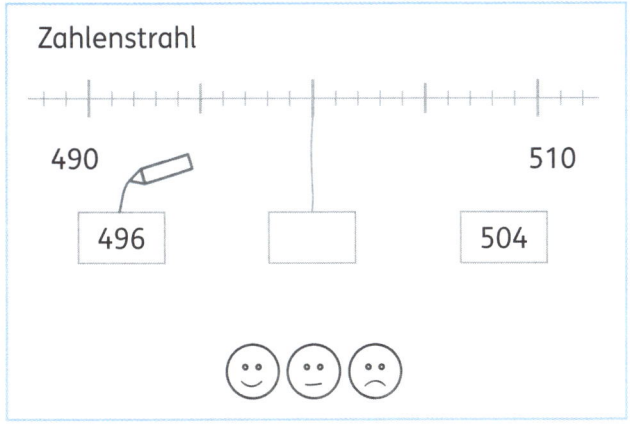

Nachbarn

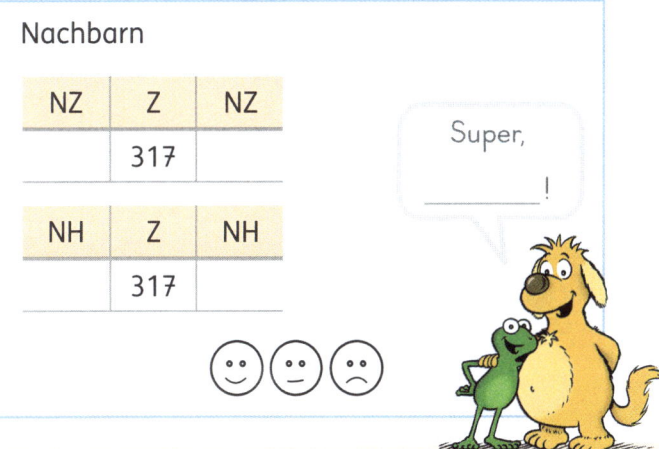

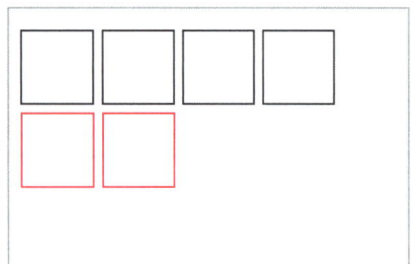

400 + 200 = 600

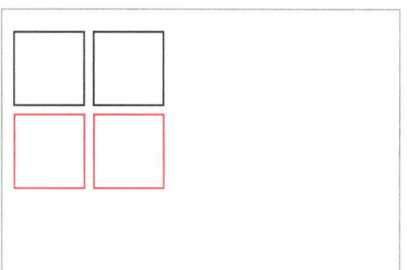

200 + 200 = _____

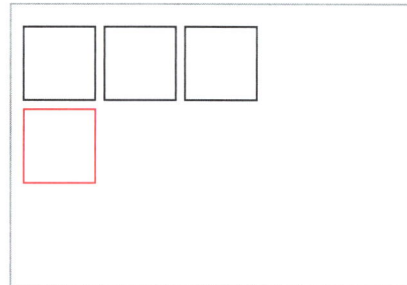

_____ + _____ = _____

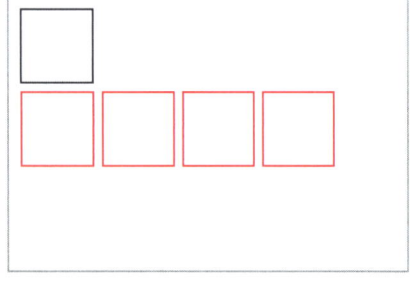

_____ + _____ = _____

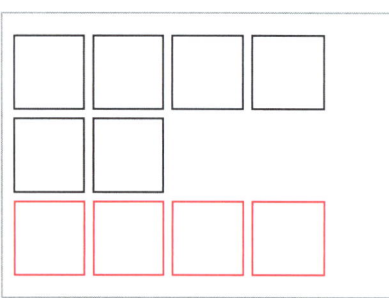

_____ + _____ = _____

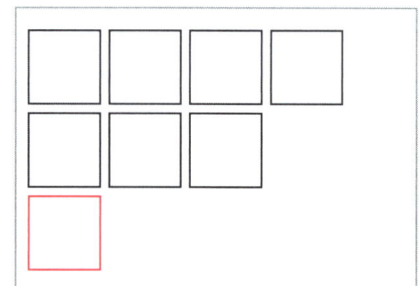

_____ + _____ = _____

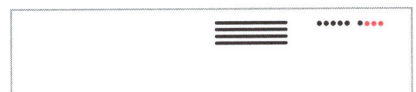

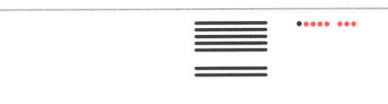

$46 + 3 =$ _____

$346 + 3 =$ _____

$54 + 5 =$ _____

$454 + 5 =$ _____

$71 + 7 =$ _____

$271 + 7 =$ _____

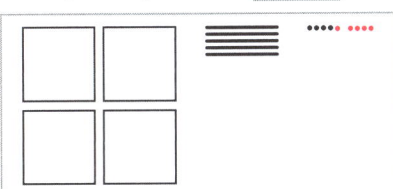

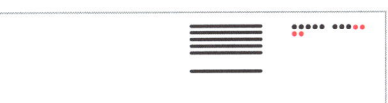

$59 + 6 =$ _____

$459 + 6 =$ _____

$27 + 5 =$ _____

$527 + 5 =$ _____

$68 + 4 =$ _____

$168 + 4 =$ _____

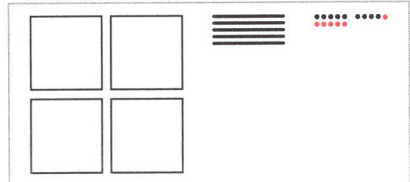

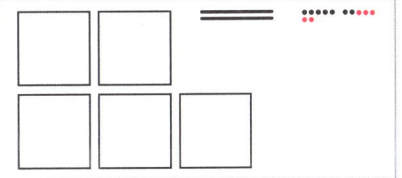

126 +   30 = _____

126 + 300 = _____

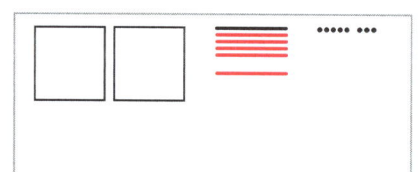

218 +   50 = _____

218 + 500 = _____

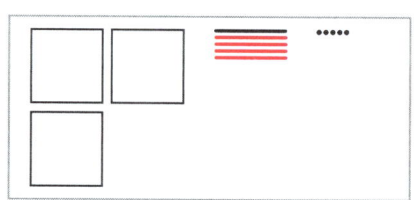

315 +   40 = _____

315 + 400 = _____

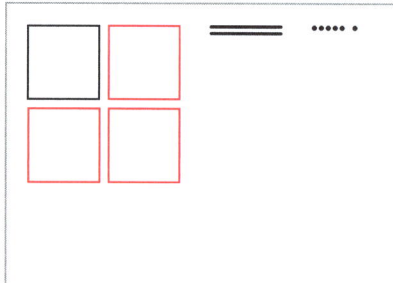

817 +   10 = _____

817 + 100 = _____

304 +   50 = _____

304 + 500 = _____

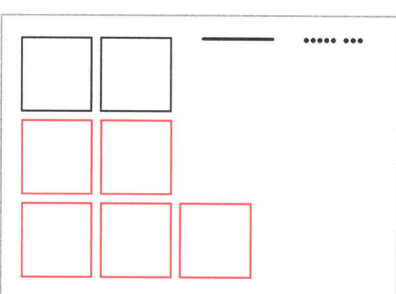

328 +   60 = _____

328 + 600 = _____

645 +   20 = _____

645 + 200 = _____

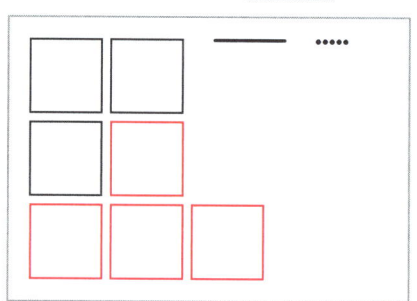

437 +   40 = _____

437 + 400 = _____

569 +   30 = _____

569 + 300 = _____

27 + 31 = _____

127 + 31 = _____

46 + 13 = _____

246 + 13 = _____

7 + 52 = _____

307 + 52 = _____

---

33 + 54 = _____

433 + 54 = _____

71 + 18 = _____

671 + 18 = _____

62 + 25 = _____

262 + 25 = _____

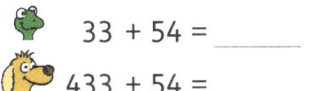

____ + ____ = _____

364 + 13 = _____

____ + ____ = _____

125 + 44 = _____

____ + ____ = _____

836 + 32 = _____

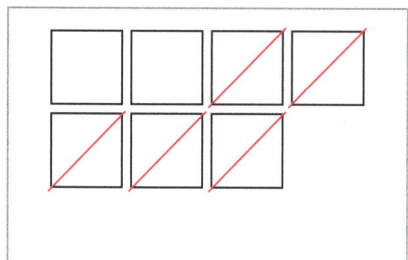

$\underline{700} - \underline{500} = \underline{200}$

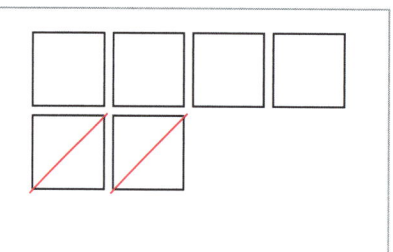

$\underline{600} - \underline{200} = \underline{}$

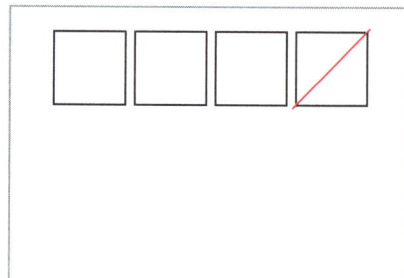

$\underline{} - \underline{} = \underline{}$

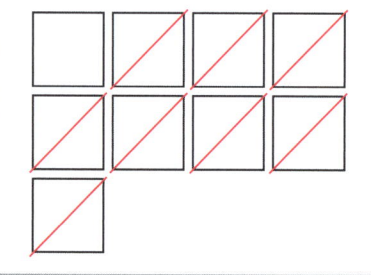

$\underline{} - \underline{} = \underline{}$

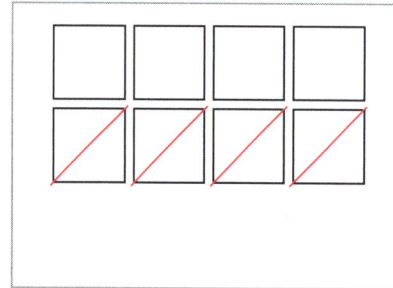

$\underline{} - \underline{} = \underline{}$

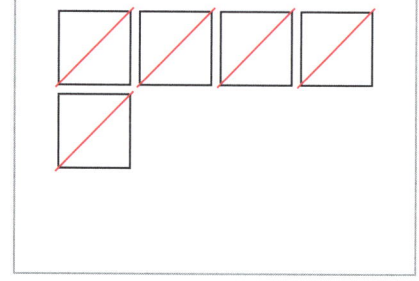

$\underline{} - \underline{} = \underline{}$

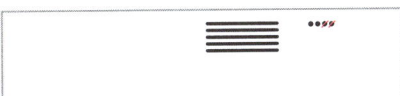
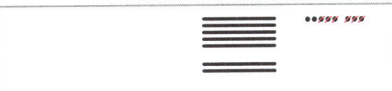
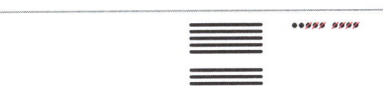

54 − 2 = _____
454 − 2 = _____

78 − 6 = _____
278 − 6 = _____

89 − 7 = _____
389 − 7 = _____

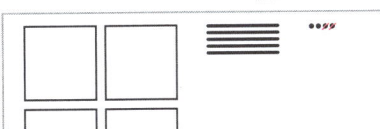
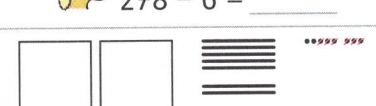

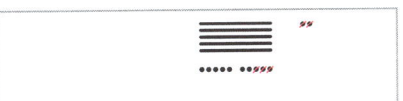

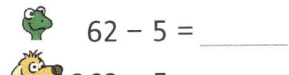
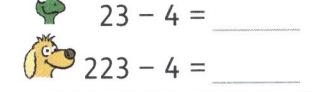

62 − 5 = _____
362 − 5 = _____

41 − 8 = _____
141 − 8 = _____

23 − 4 = _____
223 − 4 = _____

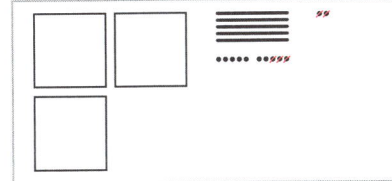

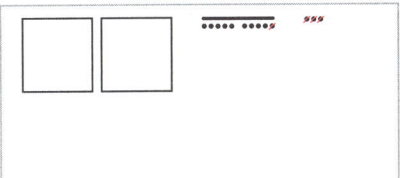

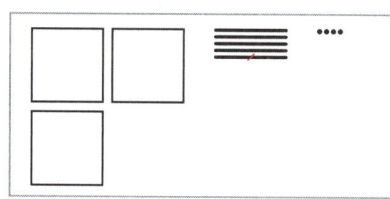

354 − 10 = _____

354 − 100 = _____

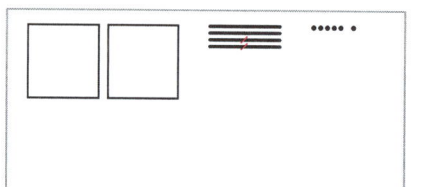

246 − 20 = _____

246 − 200 = _____

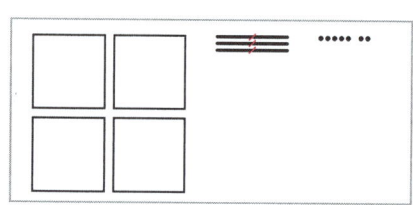

437 − 30 = _____

437 − 300 = _____

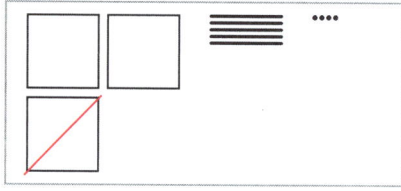

563 − 20 = _____

563 − 200 = _____

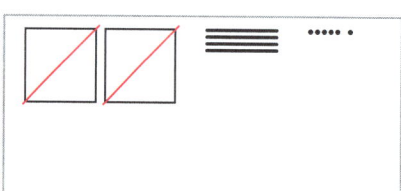

478 − 30 = _____

478 − 300 = _____

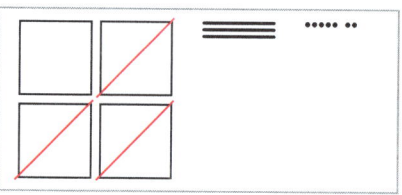

892 − 80 = _____

892 − 800 = _____

983 − 50 = _____

983 − 500 = _____

655 − 40 = _____

655 − 400 = _____

732 − 30 = _____

732 − 300 = _____

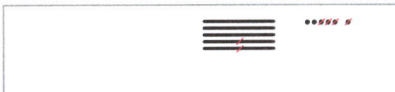

🐸 56 − 24 = _____

🐕 356 − 24 = _____

🐸 68 − 37 = _____

🐕 268 − 37 = _____

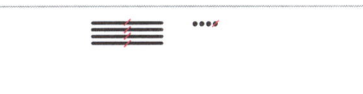

🐸 44 − 41 = _____

🐕 144 − 41 = _____

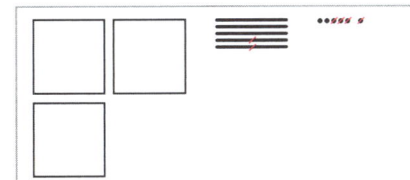

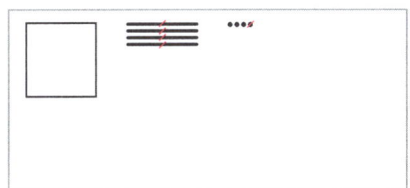

🐸 35 − 22 = _____

🐕 835 − 22 = _____

🐸 57 − 36 = _____

🐕 657 − 36 = _____

🐸 79 − 54 = _____

🐕 579 − 54 = _____

🐸 _____ − _____ = _____

🐕 146 − 13 = _____

🐸 _____ − _____ = _____

🐕 439 − 27 = _____

🐸 _____ − _____ = _____

🐕 998 − 56 = _____

| 34 | 3 |

| 134 | 3 |

| 334 | 3 |

| 334 | 23 |

| 734 | 23 |

| 256 | 2 |

| 256 | 20 |

| 256 | 200 |

| 256 | 220 |

| 256 | 222 |

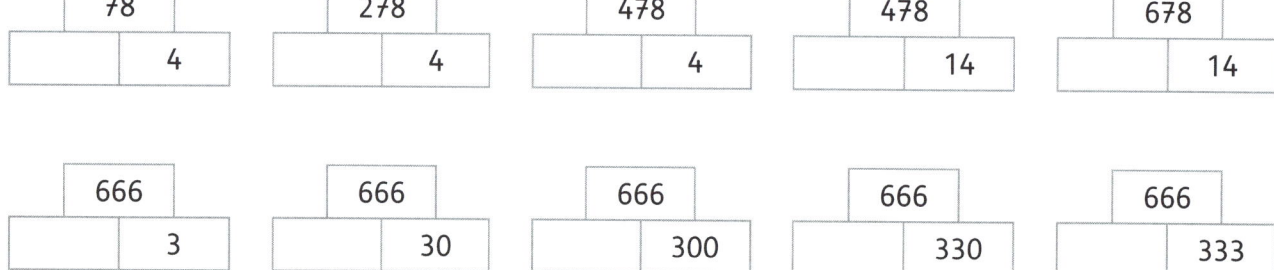

| 78 | |
| | 4 |

| 278 | |
| | 4 |

| 478 | |
| | 4 |

| 478 | |
| | 14 |

| 678 | |
| | 14 |

| 666 | |
| | 3 |

| 666 | |
| | 30 |

| 666 | |
| | 300 |

| 666 | |
| | 330 |

| 666 | |
| | 333 |

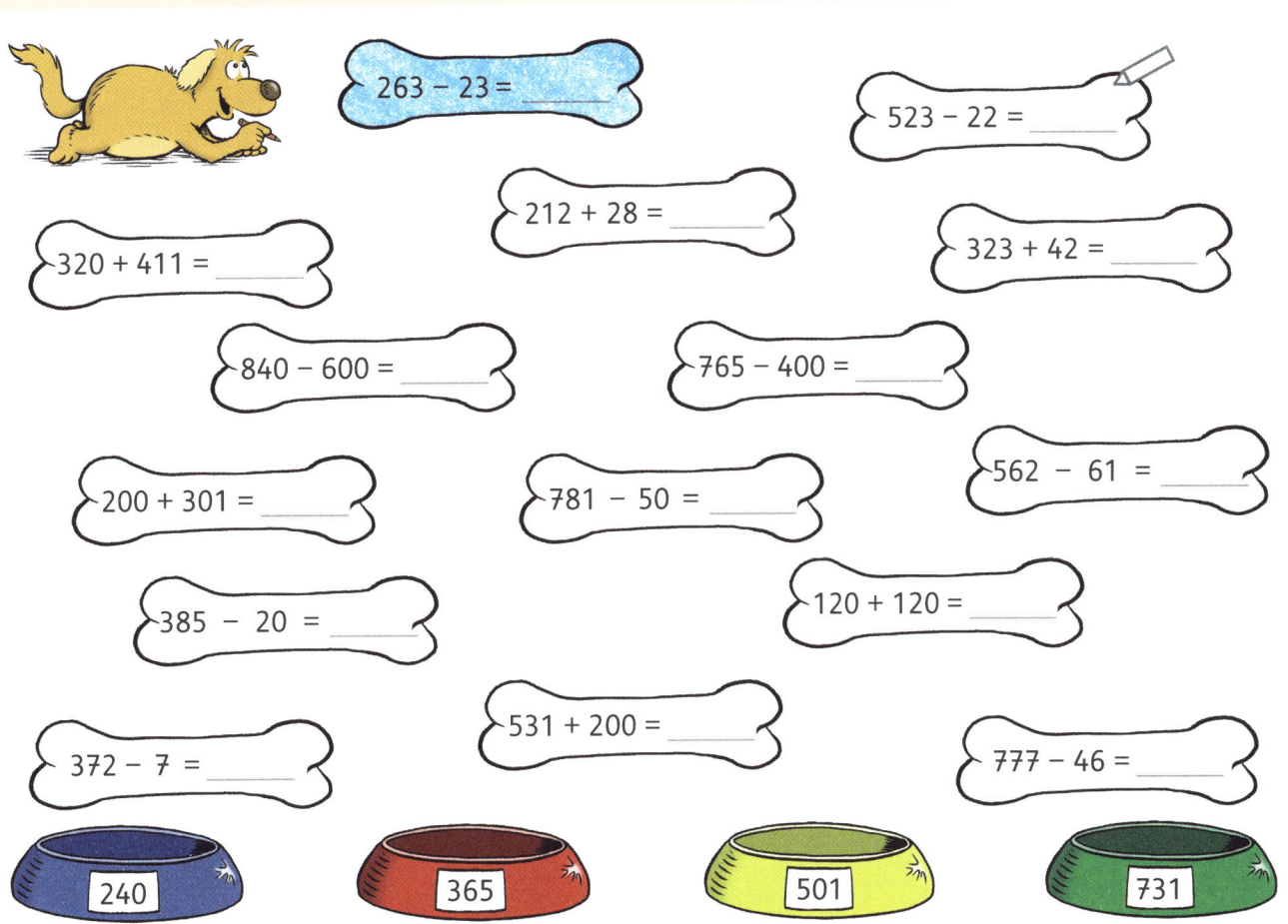

263 − 23 = _____

523 − 22 = _____

212 + 28 = _____

320 + 411 = _____

323 + 42 = _____

840 − 600 = _____

765 − 400 = _____

200 + 301 = _____

781 − 50 = _____

562 − 61 = _____

385 − 20 = _____

120 + 120 = _____

372 − 7 = _____

531 + 200 = _____

777 − 46 = _____

240   365   501   731

D01 oder bh8eq2

Auf dem Bauernhof gibt es viele Tiere:

In der Scheune verstecken sich 5 Mäuse.

Unter dem Traktor sitzt eine Katze.

Auf dem Misthaufen sind ein Hahn

und 6 Mäuse.

Auf der Wiese sind 9 Kühe.

Frage: Wie viele Mäuse sind auf dem Bauernhof?

Unterstreiche im Text die Sätze, die für die Beantwortung der Frage wichtig sind.

Schreibe die wichtigen Sätze auf.

_____

_____

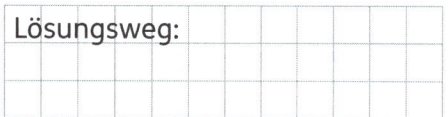

Antwort: _____

_____

© Ernst Klett Verlag GmbH, Stuttgart 2022 | www.klett.de | Nur zum individuellen Gebrauch. Kopieren und vervielfältigen nicht gestattet.

Addition ohne Hunderterübergang

543 + 40 = _____

543 + 400 = _____

216 + 30 = _____

216 + 300 = _____

Subtraktion ohne Hunderterübergang

 86 − 35 = _____

 486 − 35 = _____

 75 − 62 = _____

 375 − 62 = _____

Zahlenmauer

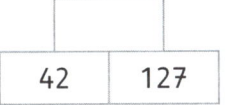

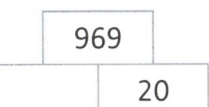

Sachaufgabe

Auf dem See sind 23 Enten,

4 Tretboote, 2 Schwäne und

5 Ruderboote.

Wie viele Boote sind auf dem See?

_____

Prima,

_____ !

Ergänze zum nächsten Zehner.

$27 + \underline{3} = 30$

+ $\underline{3}$

27   30

$81 + \underline{} = 90$

+ __

81   90

$74 + \underline{} = 80$

+ __

74   80

$327 + \underline{} = 330$

+ __

327   330

$481 + \underline{} = 490$

+ __

481   490

$674 + \underline{} = 680$

+ __

674   680

Ergänze in 2 Schritten zum nächsten Hunderter.

$48 + \underline{} = 100$

+ $\underline{2}$ + $\underline{50}$

48   $\underline{50}$ 100

$63 + \underline{} = 100$

+ __   + __

63   __   100

$748 + \underline{} = 800$

+ __   + __

748   $\underline{750}$ 800

$563 + \underline{} = 600$

+ __   + __

563   __   600

Ergänze in 3 Schritten zu 1000.

● 628 + _____ = 1000

628 + [3] [7] [2] = 1000

+2   +70   + 300

628   630   700   1000

628 + 2 + 70 + 300 = 1000

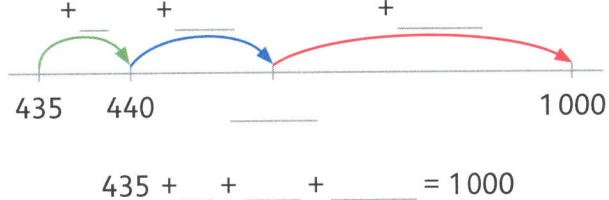

435 + _____ = 1000

435 + [ ] [ ] [ ] = 1000

+ ___   + ___   + ___

435   440   ___   1000

435 + ___ + ___ + ___ = 1000

● 309 + _____ = 1000

309 + [ ] [ ] [ ] = 1000

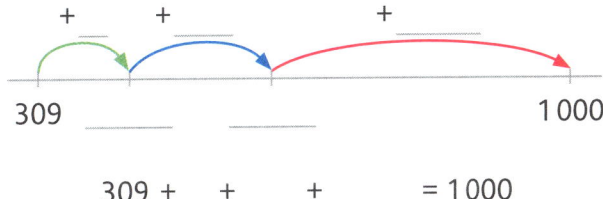

+ ___   + ___   + ___

309   ___   ___   1000

309 + ___ + ___ + ___ = 1000

240 + 70 = _____

$+60$ $+10$

240   300   _____

246 + 70 = _____

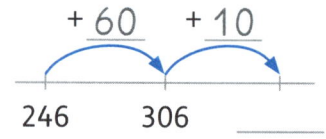

$+60$ $+10$

246   306   _____

150 + 80 = _____

$+50$ $+30$

150   200   _____

153 + 80 = _____

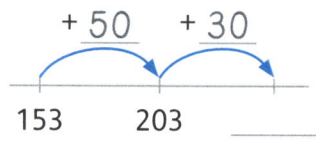

$+50$ $+30$

153   203   _____

360 + 60 = _____

$+40$ $+$

360   400   _____

369 + 60 = _____

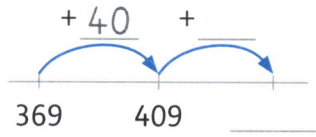

$+40$ $+$

369   409   _____

570 + 50 = _____

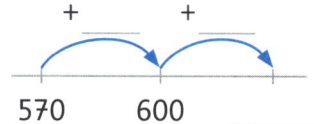

$+$ $+$

570   600   _____

572 + 50 = _____

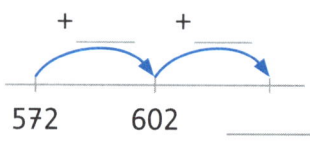

$+$ $+$

572   602   _____

620 + 90 = _____

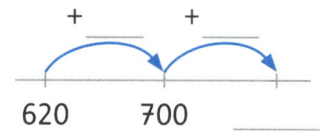

$+$ $+$

620   700   _____

628 + 90 = _____

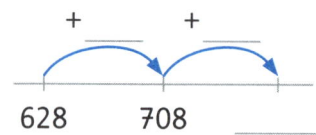

$+$ $+$

628   708   _____

© Ernst Klett Verlag GmbH, Stuttgart 2022 | www.klett.de | Nur zum individuellen Gebrauch. Kopieren und vervielfältigen nicht gestattet.

D01 | oder bh8eq2

246 + 73 = _____

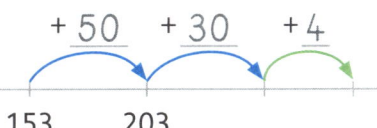

+60   +10   +3

246   306   _____   _____

240 + 70 = _____

246 + 70 = _____

153 + 84 = _____

+50   +30   +4

153   203   _____   _____

150 + 80 = _____

153 + 80 = _____

369 + 61 = _____

+40   +   +

369   409   _____   _____

360 + 60 = _____

369 + 60 = _____

572 + 56 = _____

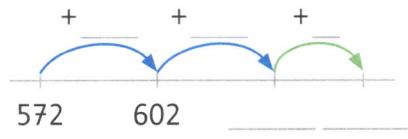

+   +   +

572   602   _____   _____

570 + 50 = _____

572 + 50 = _____

628 + 91 = _____

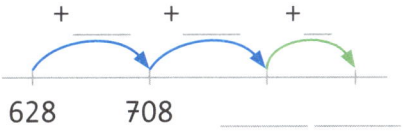

+   +   +

628   708   _____   _____

620 + 90 = _____

628 + 90 = _____

Erste Reihe (Zahlenstrahlen)

+ 200 + 10 + 70

490   690   700 _____

+ 300 + ___ + ___

560 _____ 900 _____

+ 700 + ___ + ___

170 _____ 900 _____

Rechnungen

490 + 280 = _____
490 + 200 = 690
690 + 10 = 700
700 + 70 = _____

560 + 350 = _____
560 + 300 = _____
860 + _____ = 900
900 + _____ = _____

170 + 760 = _____
170 + 700 = _____
_____ + _____ = 900
_____ + _____ = _____

Zweite Reihe (Zahlenstrahlen)

+ ___ + ___ + ___

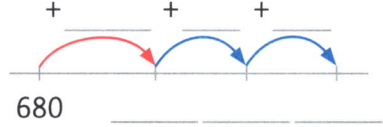

680 _____

+ ___ + ___ + ___

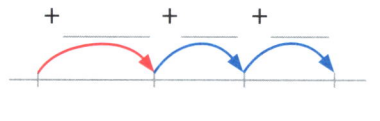

+ ___ + ___ + ___

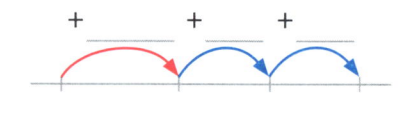

Rechnungen

680 + 140 = _____
680 + _____ = _____
_____ + _____ = _____
_____ + _____ = _____

220 + 390 = _____
220 + _____ = _____
_____ + _____ = _____
_____ + _____ = _____

430 + 280 = _____
430 + _____ = _____
_____ + _____ = _____
_____ + _____ = _____

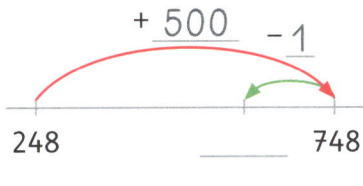

248   748

248 + 499 = _____

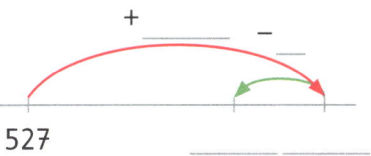

469

469 + 199 = _____

527

527 + 399 = _____

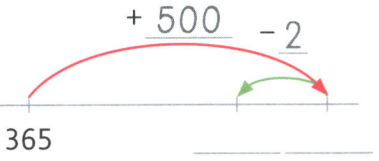

365

365 + 498 = _____

637

637 + 298 = _____

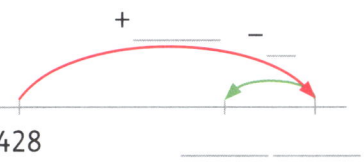

428

428 + 198 = _____

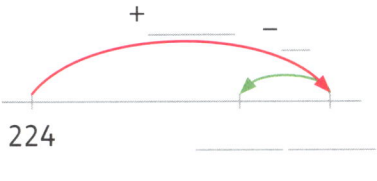

224

224 + 598 = _____

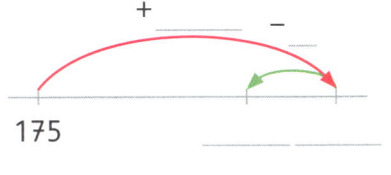

175

175 + 699 = _____

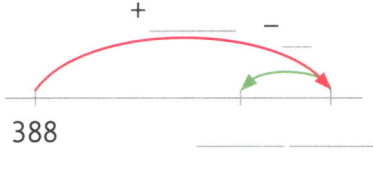

388

388 + 298 = _____

560 − 80 = _____

$$-20 \quad -60$$
500   560

563 − 80 = _____
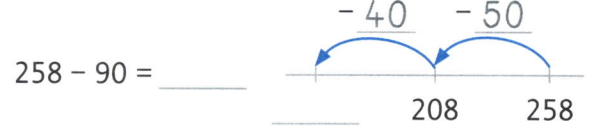

$$-20 \quad -60$$
503   563

250 − 90 = _____

$$-40 \quad -50$$
200   250

258 − 90 = _____
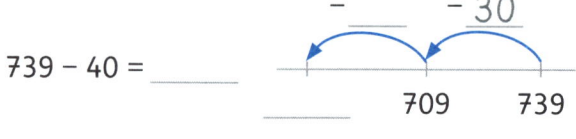

$$-40 \quad -50$$
208   258

730 − 40 = _____

$$- \quad -30$$
700   730

739 − 40 = _____
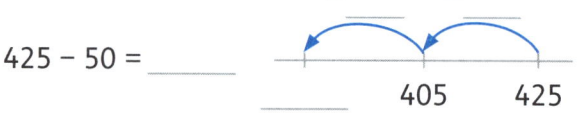

$$- \quad -30$$
709   739

420 − 50 = _____

$$- \quad -$$
400   420

425 − 50 = _____
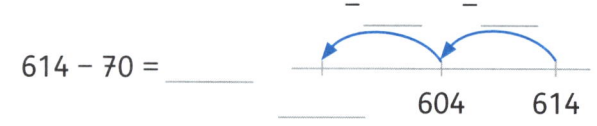

$$- \quad -$$
405   425

610 − 70 = _____

$$- \quad -$$
600   610

614 − 70 = _____

$$- \quad -$$
604   614

● 563 − 82 = _____

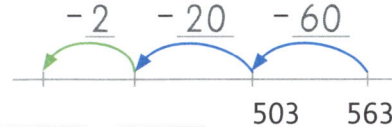

−2 −20 −60

_____ _____ 503 563

560 − 80 = _____

563 − 80 = _____

258 − 96 = _____

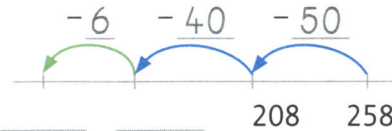

−6 −40 −50

_____ _____ 208 258

250 − 90 = _____

258 − 90 = _____

739 − 48 = _____

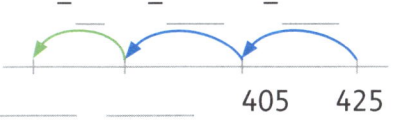

− − −30

_____ _____ 709 739

730 − 40 = _____

739 − 40 = _____

425 − 51 = _____

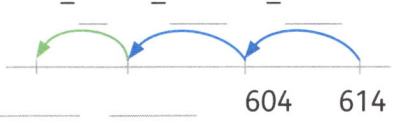

− − −

_____ _____ 405 425

420 − 50 = _____

425 − 50 = _____

●

614 − 73 = _____

− − −

_____ _____ 604 614

610 − 70 = _____

614 − 70 = _____

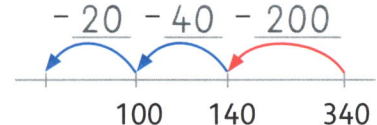

$$-20 \quad -40 \quad -200$$

| | 100 | 140 | 340 |

340 − 260 =

340 − 200 = 140

140 − 40 = 100

100 − 20 =

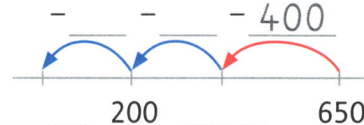

$$- \quad - \quad -400$$

| 200 | | 650 |

650 − 480 =

650 − 400 =

250 − ___ = 200

200 − ___ =

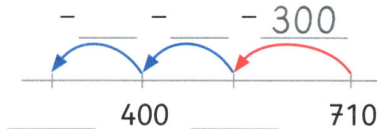

$$- \quad - \quad -300$$

| 400 | | 710 |

710 − 340 =

710 − 300 =

___ − ___ = 400

___ − ___ =

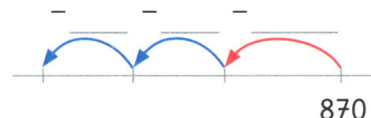

| | | 870 |

870 − 690 =

870 − ___ =

___ − ___ =

___ − ___ =

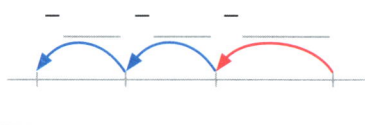

930 − 550 =

930 − ___ =

___ − ___ =

___ − ___ =

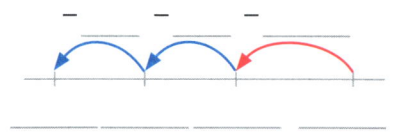

520 − 170 =

520 − ___ =

___ − ___ =

___ − ___ =

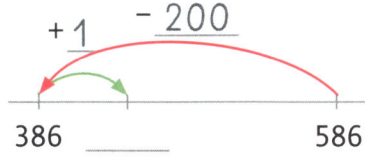

586 – 199 = _____

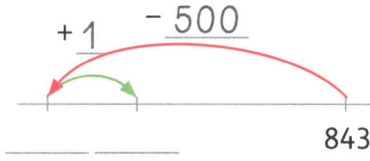

843 – 499 = _____

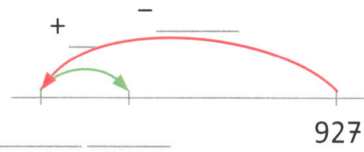

927 – 599 = _____

415 – 298 = _____

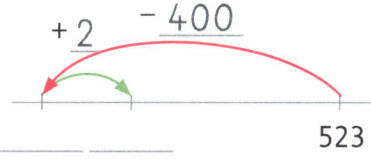

523 – 398 = _____

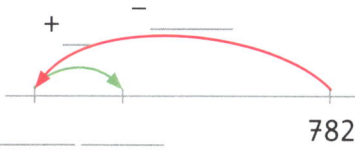

782 – 698 = _____

388 – 199 = _____

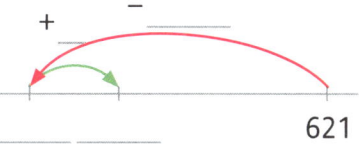

621 – 599 = _____

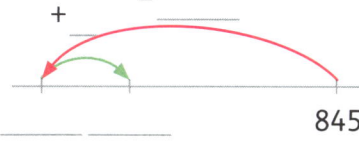

845 – 298 = _____

Aufgabe 1:

+2   +20   +5

478 _480_ _500_ 505

505 − 478 = _27_

denn 478 + _27_ = 505

Aufgabe 2:

+5   +___   +___

785 _790_ _800_ 804

804 − 785 = _____

denn 785 + _____ = 804

Aufgabe 3:

+___   +___   +___

878 _880_ _900_ 902

902 − 878 = _____

denn 878 + _____ = 902

Aufgabe 4:

+___   +___   +___

399 _400_ _420_ 427

427 − 399 = _____

denn 399 + _____ = 427

Aufgabe 5:

+___   +___   +___

693 _____ _____ 741

741 − 693 = _____

denn 693 + _____ = 741

Aufgabe 6:

+___   +___   +___

287 _290_ _____ 306

306 − 287 = _____

denn 287 + _____ = 306

Aufgabe 7:

+___   +___   +___

195 _____ _____ 244

244 − 195 = _____

denn 195 + _____ = 244

Aufgabe 8:

+___   +___   +___

584 _____ _____ 603

603 − 584 = _____

denn 584 + _____ = 603

© Ernst Klett Verlag GmbH, Stuttgart 2022 | www.klett.de | Nur zum individuellen Gebrauch. Kopieren und vervielfältigen nicht gestattet.

+	300	30	3
300			
600			

−	200	20	2
1000			
500			

+	80	99	170
520			
820			

−	60	99	130
160			
460			

+	500	590	599
231			
342			

−	400	470	479
756			
867			

50 / 46	55 / 46	500 / 46	550 / 46	555 / 46

25 / 99	25 / 199	25 / 198	225 / 198	325 / 398

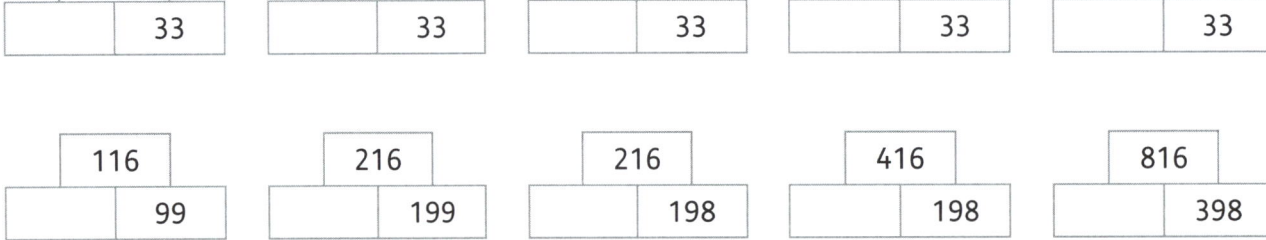

73 / 33	77 / 33	433 / 33	473 / 33	477 / 33

116 / 99	216 / 199	216 / 198	416 / 198	816 / 398

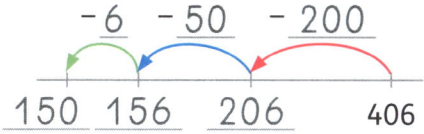

$$150 \quad 156 \quad 206 \quad 406$$

$406 - 256 = \underline{150}$

P: $\underline{150} + 256 = 406$

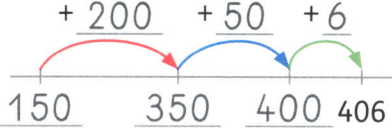

$$150 \quad 350 \quad 400 \quad 406$$

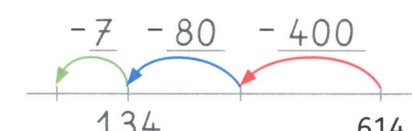

$$134 \quad\quad 614$$

$614 - 487 = \underline{}$

P: $\underline{} + 487 = 614$

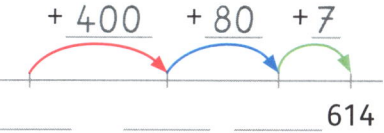

$$614$$

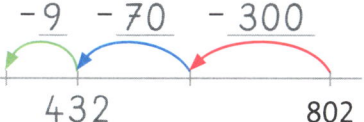

$$432 \quad\quad 802$$

$802 - 379 = \underline{}$

P: $\underline{} + 379 = 802$

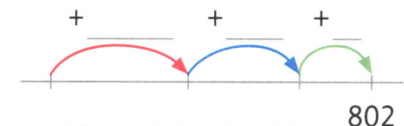

$$802$$

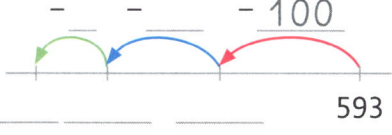

$$593$$

$593 - 163 = \underline{}$

P: $\underline{} + 163 = 593$

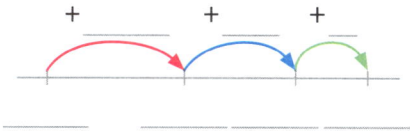

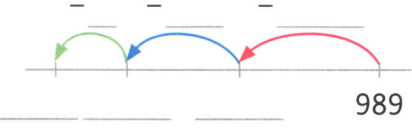

$$989$$

$989 - 524 = \underline{}$

P: $\underline{} + 524 = 989$

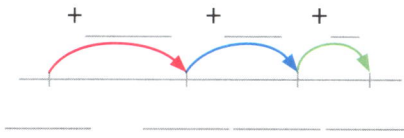

Beluga

Der Beluga-Wal hat eine weiße Körperfarbe. Männliche Belugas können 5 m 50 cm lang und 1 600 kg schwer werden. Weibchen werden hingegen nur 4,3 m lang.

Buckelwal

Buckelwale können 17 m lang und 36 Tonnen schwer werden. Sie schwimmen bis zu 25 km/h schnell. Sie haben von allen Walarten die längsten Brustflossen.

Blauwal

Männliche Blauwale können 29 m lang, weibliche Blauwale 33 m lang werden. Sie können 150 bis 190 Tonnen schwer werden. Ihre Lebenserwartung liegt bei bis zu 90 Jahren.

© Ernst Klett Verlag GmbH, Stuttgart 2022 | www.klett.de | Nur zum individuellen Gebrauch. Kopieren und vervielfältigen nicht gestattet.

Welche Fragen kannst du mit Hilfe des Textes beantworten? Kreuze sie an.

☐ Wie lang werden männliche Beluga-Wale?

☐ Wie alt werden Buckelwale?

☐ Wie lang können weibliche Blauwale werden?

☐ Wie weit können Buckelwale schwimmen?

☐ Wie alt werden Blauwale?

Unterstreiche im Text die Sätze, in denen du die Information findest.

Stimmt das? Männliche Narwale werden <u>80 cm länger</u> als weibliche.

Narwal

Männliche Narwale werden 4 m 80 cm und weibliche Narwale 4 m 20 cm lang.

Skizze: männliche Narwale: ├─────────────────────┤
4 m 80 cm

weibliche Narwale: ├──────────────┤
4 m 20 cm

Lösungsweg:

Antwort: _____

_____

Stimmt das? Pottwale können die Luft <u>über 200 Minuten</u> anhalten?

Pottwal

Pottwale können die Luft 2 Stunden lang anhalten.

Tabelle:

Stunde	1	2	
Minuten	60		

Antwort: _____

Addition mit Hunderterübergang

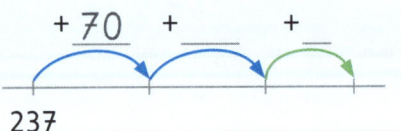

$+\ 70$ $+$ _____ $+$ _____

237 _____

$237 + 85 =$ _____

Subtraktion mit Hunderterübergang

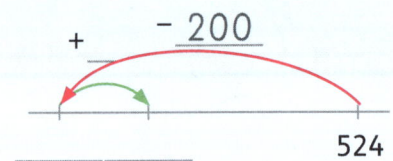

$+$ $-\ 200$

524

$524 - 199 =$ _____

Addition und Subtraktion üben

+	180	
650		700

Sachaufgabe

Ein Blauwal wiegt bis zu 200 Tonnen, ein Elefant nur 5 Tonnen.

Stimmt das? ☐ ja ☐ nein

Ein Blauwal wiegt 190 Tonnen weniger als ein Elefant.

Toll,

_____ !

$2 \cdot 1 =$ _____

$4 \cdot 1 =$ _____

$2 \cdot 10 =$ _____

$4 \cdot 10 =$ _____

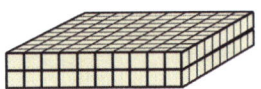

$2 \cdot 100 =$ _____

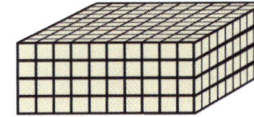

$4 \cdot 100 =$ _____

$6 \cdot 1 =$ _____

$5 \cdot 1 =$ _____

$6 \cdot 10 =$ _____

$5 \cdot 10 =$ _____

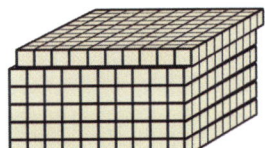

$6 \cdot 100 =$ _____

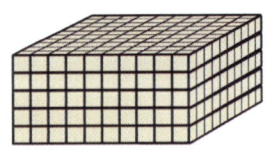

$5 \cdot 100 =$ _____

Zehnereinmaleins

 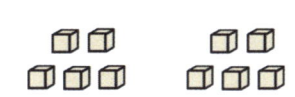 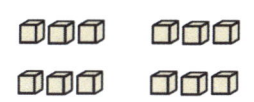

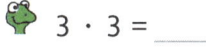 3 · 3 = _____   2 · 5 = _____   4 · 3 = _____

 3 · 30 = _____    2 · 50 = _____   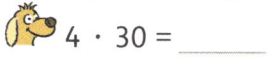 4 · 30 = _____

 6 · 5 = _____   8 · 6 = _____   9 · 3 = _____

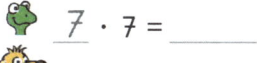 60 · 5 = _____   80 · 6 = _____   90 · 3 = _____

7 · 7 = _____   ___ · 9 = _____   ___ · 7 = _____

 70 · 7 = _____   40 · 9 = _____   50 · 7 = _____

🐸 6 : 3 = ____

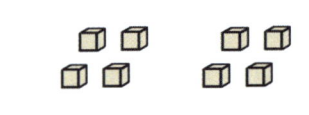

🐸 8 : 2 = ____

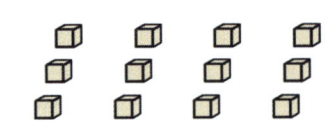

🐸 12 : 4 = ____

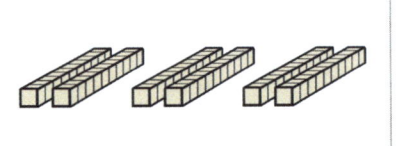

🐕 60 : 3 = ____

🐕 80 : 2 = ____

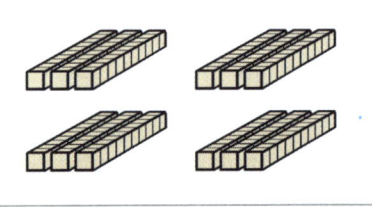

🐕 120 : 4 = ____

🐸 15 : 5 = ____
🐕 150 : 5 = ____

🐸 42 : 6 = ____
🐕 420 : 6 = ____

🐸 49 : 7 = ____
🐕 490 : 7 = ____

🐸 <u>24</u> : 8 = ____
🐕 240 : 8 = ____

🐸 ____ : 9 = ____
🐕 810 : 9 = ____

🐸 ____ : 3 = ____
🐕 270 : 3 = ____

   8 : 4 = _____

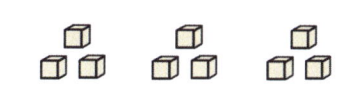   9 : 3 = _____

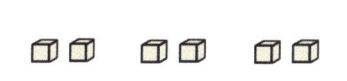   6 : 2 = _____

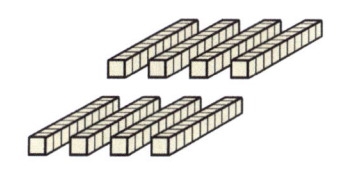   80 : 40 = _____

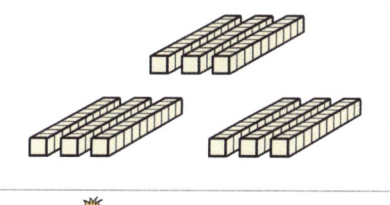   90 : 30 = _____

   60 : 20 = _____

36 : 4 = _____

360 : 40 = _____

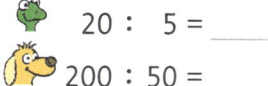

20 : 5 = _____

200 : 50 = _____

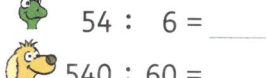

54 : 6 = _____

540 : 60 = _____

18 : 9 = _____

180 : 90 = _____

_____ : 7 = _____

560 : 70 = _____

_____ : 8 = _____

640 : 80 = _____

150 : 3 = 50
P: 50 · 3 = 150

150 : 30 = 5
P: 5 · 30 = 150

200 : 5 = ___
P: ___ · 5 = ___

200 : 50 = ___
P: ___ · 50 = ___

240 : 4 = ___
P: ___ · 4 = 240

240 : 40 = ___
P: ___ · 40 = 240

60 : 2 = ___
P: ___ · 2 = 60

60 : 20 = ___
P: ___ · 20 = 60

480 : 6 = ___
P: ___ · 6 = ___

480 : 60 = ___
P: ___ · 60 = ___

360 : 6 = ___
P: ___ · 6 = 360

360 : 60 = ___
P: ___ · 60 = 360

120 : 3 = ___
P: ___ · 3 = ___

120 : 30 = ___
P: ___ · 30 = 120

560 : 8 = ___
P: ___ · 8 = ___

560 : 80 = ___
P: ___ · 80 = ___

280 : 7 = ___
P: ___ · 7 = 280

280 : 70 = ___
P: ___ · 70 = 280

D01 oder n92ht4

Multipliziere. Finde Vielfache von 40.

1 · 40 = _40_   4 · 40 = _____   7 · 40 = _____   10 · 40 = _____

2 · 40 = _____   5 · 40 = _____   8 · 40 = _____

3 · 40 = _____   6 · 40 = _____   9 · 40 = _____

Male Vielfache von 40 rot an.

 | 180 | 200 | 250 | 280 | 320 | 340 |
| 160 | | | | | | |

Multipliziere. Finde Vielfache von 70.

1 · 70 = _____   4 · 70 = _____   7 · 70 = _____   10 · 70 = _____

2 · 70 = _____   5 · 70 = _____   8 · 70 = _____

3 · 70 = _____   6 · 70 = _____   9 · 70 = _____

Male Vielfache von 70 gelb an.

 70 | 140 | 270 | 350 | 400 | 470 | 490

© Ernst Klett Verlag GmbH, Stuttgart 2022 | www.klett.de | Nur zum individuellen Gebrauch. Kopieren und vervielfältigen nicht gestattet.

Dividiere. Finde alle Teiler von 20.

20 : 1 = _20_   20 : 5 = __

20 : 2 = ___   20 : 10 = __

20 : 4 = ___   20 : 20 = __

Notiere die Teiler:

1, _____

_____

Dividiere. Finde alle Teiler von 28.

28 : 1 = _20_   28 : 7 = __

28 : 2 = ___   28 : 14 = __

28 : 4 = ___   28 : 28 = __

Notiere die Teiler:

1, _____

_____

Halbschriftliche Multiplikation

4 · 15 = _____

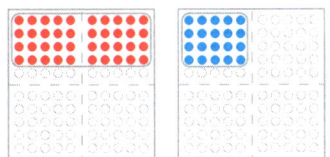

- 🔴 4 · 10 = _____
- 🔵 4 · 5 = _____

6 · 18 = _____

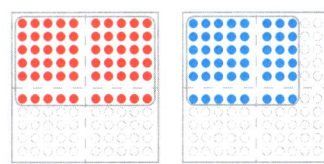

- 🔴 6 · 10 = _____
- 🔵 6 · 8 = _____

7 · 14 = _____

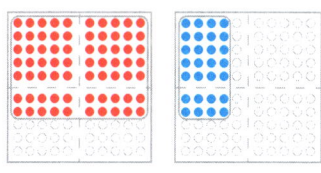

- 🔴 7 · 10 = _____
- 🔵 7 · 4 = _____

2 · 19 = _____

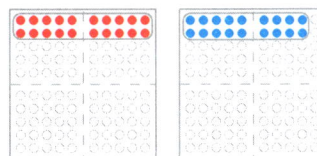

- 🔴 2 · 10 = _____
- 🔵 2 · 9 = _____

8 · 16 = _____

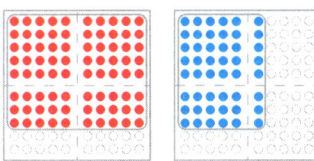

- 🔴 8 · 10 = _____
- 🔵 8 · 6 = _____

5 · 13 = _____

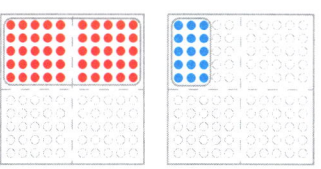

- 🔴 5 · 10 = _____
- 🔵 5 · 3 = _____

© Ernst Klett Verlag GmbH, Stuttgart 2022 | www.klett.de | Nur zum individuellen Gebrauch. Kopieren und vervielfältigen nicht gestattet.

$5 \cdot 1\,2 = 60$
$5 \cdot 10 = 50$
$5 \cdot 2 = 10$

$9 \cdot 1\,1 = $
$9 \cdot 10 = $
$9 \cdot 1 = $

$6 \cdot 1\,7 = $
$6 \cdot 10 = $
$6 \cdot 7 = $

$7 \cdot 1\,5 = $
$7 \cdot 10 = $
$7 \cdot 5 = $

$2 \cdot 1\,8 = $
$2 \cdot 10 = $
$2 \cdot 8 = $

$8 \cdot 1\,3 = $
$8 \cdot 10 = $
$8 \cdot 3 = $

$4 \cdot 1\,6 = $
$4 \cdot 10 = $
$4 \cdot 6 = $

$3 \cdot 1\,2 = $
$3 \cdot \square = $
$3 \cdot \square = $

$7 \cdot 1\,9 = $
$7 \cdot \square = $
$7 \cdot \square = $

$5 \cdot 39 = 195$

·	30	9	
5	150	45	195

$3 \cdot 28 =$ _____

·	20	8	
3			

$4 \cdot 46 =$ _____

·	40	6	
4			

$7 \cdot 52 =$ _____

·	50	2	
7			

$6 \cdot 33 =$ _____

·	30	3	
6			

$5 \cdot 63 =$ _____

·	60	3	
5			

$4 \cdot 19 =$ _____

·	10	9	
4			

$6 \cdot 27 =$ _____

·			
6			

$8 \cdot 91 =$ _____

·			
8			

2̲1 · 3 = 63

·	3
20	60
1	3

2̲4 · 5 = _____

·	5
20	
4	

4̲3 · 6 = _____

·	6
40	
3	

4̲5 · 5 = _____

·	5
40	
5	

3̲6 · 7 = _____

·	7

9̲8 · 4 = _____

·	4

Halbschriftliche Division

1 · 5 = 5	
2 · 5 = 10	
3 · 5 = 15	
4 · 5 = 20	
5 · 5 = 25	
6 · 5 = 30	
7 · 5 = 35	
8 · 5 = 40	
9 · 5 = 45	
10 · 5 = 50	

70 : 5 = _____

50 : 5 = _____

20 : 5 = _____

65 : 5 = _____

50 : 5 = _____

15 : 5 = _____

85 : 5 = _____

50 : 5 = _____

35 : 5 = _____

55 : 5 = _____

50 : 5 = _____

____ : 5 = _____

90 : 5 = _____

50 : 5 = _____

40 : 5 = _____

75 : 5 = _____

50 : 5 = _____

____ : 5 = _____

1 · 6 = 6	
2 · 6 = 12	
3 · 6 = 18	
4 · 6 = 24	
5 · 6 = 30	
6 · 6 = 36	
7 · 6 = 42	
8 · 6 = 48	
9 · 6 = 54	
10 · 6 = 60	

66 : 6 = _____

60 : 6 = _____

6 : 6 = _____

102 : 6 = _____

60 : 6 = _____

____ : 6 = _____

90 : 6 = _____

60 : 6 = _____

____ : 6 = _____

84 : 6 = _____

____ : 6 = _____

____ : 6 = _____

108 : 6 = _____

60 : 6 = _____

____ : 6 = _____

114 : 6 = _____

____ : 6 = _____

____ : 6 = _____

Halbschriftliche Division

1 · 7 = 7
2 · 7 = 14
3 · 7 = 21
4 · 7 = 28
5 · 7 = 35
6 · 7 = 42
7 · 7 = 49
8 · 7 = 56
9 · 7 = 63
10 · 7 = 70

105 : 7 = _____
70 : 7 = _____
_____ : 7 = _____

119 : 7 = _____
70 : 7 = _____
_____ : 7 = _____

98 : 7 = _____
70 : 7 = _____
_____ : 7 = _____

133 : 7 = _____
70 : 7 = _____
_____ : 7 = _____

112 : 7 = _____
70 : 7 = _____
_____ : 7 = _____

91 : 7 = _____
70 : 7 = _____
_____ : 7 = _____

1 · 9 = 9
2 · 9 = 18
3 · 9 = 27
4 · 9 = 36
5 · 9 = 45
6 · 9 = 54
7 · 9 = 63
8 · 9 = 72
9 · 9 = 81
10 · 9 = 90

117 : 9 = _____
90 : 9 = _____
_____ : 9 = _____

153 : 9 = _____
_____ : 9 = _____
_____ : 9 = _____

135 : 9 = _____
_____ : 9 = _____
_____ : 9 = _____

126 : 9 = _____
_____ : 9 = _____
_____ : 9 = _____

162 : 9 = _____
_____ : 9 = _____
_____ : 9 = _____

171 : 9 = _____
_____ : 9 = _____
_____ : 9 = _____

Rechne. Kontrolliere mit der Probe.

$1 \cdot 4 = 4$	
$2 \cdot 4 = \underline{}$	
$3 \cdot 4 = \underline{}$	
$4 \cdot 4 = \underline{}$	
$5 \cdot 4 = \underline{}$	
$6 \cdot 4 = \underline{}$	
$7 \cdot 4 = \underline{}$	
$8 \cdot 4 = \underline{}$	
$9 \cdot 4 = \underline{}$	
$10 \cdot 4 = \underline{}$	

$76 : 4 = \underline{19}$

$40 : 4 = \underline{10}$

$36 : 4 = \underline{9}$

P: $19 \cdot 4 = \underline{}$

$ 10 \cdot 4 = \underline{}$

$ 9 \cdot 4 = \underline{}$

$52 : 4 = \underline{}$

$40 : 4 = \underline{}$

$: 4 = \underline{}$

P: $ \cdot 4 = \underline{}$

$ \cdot 4 = \underline{}$

$ \cdot 4 = \underline{}$

$64 : 4 = \underline{}$

$40 : 4 = \underline{}$

$: 4 = \underline{}$

P: $ \cdot 4 = \underline{}$

$ \cdot 4 = \underline{}$

$ \cdot 4 = \underline{}$

Male die Aufgabe und die Probe in der gleichen Farbe an.

$60 : 4 = 15$

$72 : 4 = 18$

$44 : 4 = 11$

$11 \cdot 4 = \underline{}$

$18 \cdot 4 = \underline{}$

$15 \cdot 4 = \underline{}$

Rechne. Kontrolliere mit der Probe.

$1 \cdot 8 = \underline{8}$
$2 \cdot 8 = \underline{}$
$3 \cdot 8 = \underline{}$
$4 \cdot 8 = \underline{}$
$5 \cdot 8 = \underline{}$
$6 \cdot 8 = \underline{}$
$7 \cdot 8 = \underline{}$
$8 \cdot 8 = \underline{}$
$9 \cdot 8 = \underline{}$
$10 \cdot 8 = \underline{}$

$112 : 8 = \underline{}$
$80 : 8 = \underline{}$
$32 : 8 = \underline{}$

$128 : 8 = \underline{}$
$80 : 8 = \underline{}$
$\underline{} : 8 = \underline{}$

$136 : 8 = \underline{}$
$80 : 8 = \underline{}$
$\underline{} : 8 = \underline{}$

P: $\underline{} \cdot 8 = \underline{}$
$\underline{10} \cdot 8 = \underline{}$
$\underline{} \cdot 8 = \underline{}$

P: $\underline{} \cdot 8 = \underline{}$
$\underline{} \cdot 8 = \underline{}$
$\underline{} \cdot 8 = \underline{}$

P: $\underline{} \cdot 8 = \underline{}$
$\underline{} \cdot 8 = \underline{}$
$\underline{} \cdot 8 = \underline{}$

Male die Aufgabe und die Probe in der gleichen Farbe an.

$120 : 8 = 15$

$104 : 8 = 13$

$144 : 8 = 18$

$\underline{} \cdot 8 = 104$

$\underline{} \cdot 8 = 120$

$\underline{} \cdot 8 = 144$

Sind die Zahlen durch 2 teilbar?

2 : 2 = ____   4 : 2 = ____   6 : 2 = ____   8 : 2 = ____

10 : 2 = ____   12 : 2 = ____   14 : 2 = ____   16 : 2 = ____

18 : 2 = ____   20 : 2 = ____   22 : 2 = ____

Eine Zahl ist **durch 2 teilbar**, wenn an der Einerstelle

eine ☐ , ☐ , ☐ , ☐ oder ☐ steht.

Kreuze an, ob die Zahl durch 2 teilbar ist.

      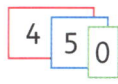   

2 4 6   3 5 1   7 8 8   4 5 0   3 1 9

 ☒   ☐   ☐   ☐   ☐

© Ernst Klett Verlag GmbH, Stuttgart 2022 | www.klett.de | Nur zum individuellen Gebrauch. Kopieren und vervielfältigen nicht gestattet.

Sind die Zahlen durch 5 teilbar?

5 : 5 = _____   10 : 5 = _____   15 : 5 = _____   20 : 5 = _____

25 : 5 = _____   30 : 5 = _____   35 : 5 = _____   40 : 5 = _____

45 : 5 = _____   50 : 5 = _____   55 : 5 = _____

Eine Zahl ist **durch 5 teilbar**, wenn an der Einerstelle

eine ☐ oder ☐ steht.

Kreuze an, ob die Zahl durch 5 teilbar ist.

359   640   825   174   265

☐   ☐   ☐   ☐   ☐

Sind die Zahlen durch 10 teilbar?

1 0 : 10 = _____   2 0 : 10 = _____   3 0 : 10 = _____

4 0 : 10 = _____   5 0 : 10 = _____   6 0 : 10 = _____

7 0 : 10 = _____   8 0 : 10 = _____   9 0 : 10 = _____

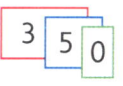

Eine Zahl ist **durch 10 teilbar**, wenn an der Einerstelle

eine ☐ steht.

Kreuze an, ob die Zahl durch 10 teilbar ist.

2 3 0   1 8 5   7 4 0   6 9 2   3 5 0

☐   ☐   ☐   ☐   ☐

Mini und Max helfen beim Abpacken. Wie viele Schalen brauchen sie jeweils?

Prüfe mit der Probe.

46
Paprika

53
Paprika

$1 \cdot 3 = \underline{3}$
$2 \cdot 3 = \underline{}$
$3 \cdot 3 = \underline{}$
$4 \cdot 3 = \underline{}$
$5 \cdot 3 = \underline{}$
$6 \cdot 3 = \underline{}$
$7 \cdot 3 = \underline{}$
$8 \cdot 3 = \underline{}$
$9 \cdot 3 = \underline{}$
$10 \cdot 3 = \underline{}$

46 : 3 =   R ____
$\underline{30}$: 3 = ___
$\underline{16}$: 3 = $\underline{5}$ R $\underline{1}$

P: ____ · 3 = ____
$\underline{10}$ · 3 = ___
___ · 3 = ___

___ + $\underline{1}$ = 46

Notiere zuerst
ohne Rest.
Addiere dann
den Rest hinzu.

53 : 3 =   R ____
___ : 3 = ____
___ : 3 = ____ R__

P: ____ · 3 = ____
$\underline{10}$ · 3 = ___
___ · 3 = ___

___ + __ = 53

Verdopple.

1 3 4 · 2 =

100 · 2 = 200

30 · 2 = _____

4 · 2 = _____

3 6 2 · 2 =

300 · 2 = _____

60 · 2 = _____

2 · 2 = _____

4 1 9 · 2 =

400 · 2 = _____

10 · 2 = _____

9 · 2 = _____

2 7 1 · 2 =

_____ · 2 = _____

_____ · 2 = _____

_____ · 2 = _____

1 8 0 · 2 =

_____ · 2 = _____

_____ · 2 = _____

_____ · 2 = _____

3 4 5 · 2 =

_____ · 2 = _____

_____ · 2 = _____

_____ · 2 = _____

Multiplikation und Division üben

Halbiere.

8 6 2 : 2 =		6 1 4 : 2 =		2 3 8 : 2 =

800 : 2 = *400*   600 : 2 = _____   200 : 2 = _____

60 : 2 = _____   10 : 2 = _____   30 : 2 = _____

2 : 2 = _____   4 : 2 = _____   8 : 2 = _____

4 5 6 : 2 =		3 2 4 : 2 =		7 7 2 : 2 =

☐ : 2 = _____   ☐ : 2 = _____   ☐ : 2 = _____

☐ : 2 = _____   ☐ : 2 = _____   ☐ : 2 = _____

☐ : 2 = _____   ☐ : 2 = _____   ☐ : 2 = _____

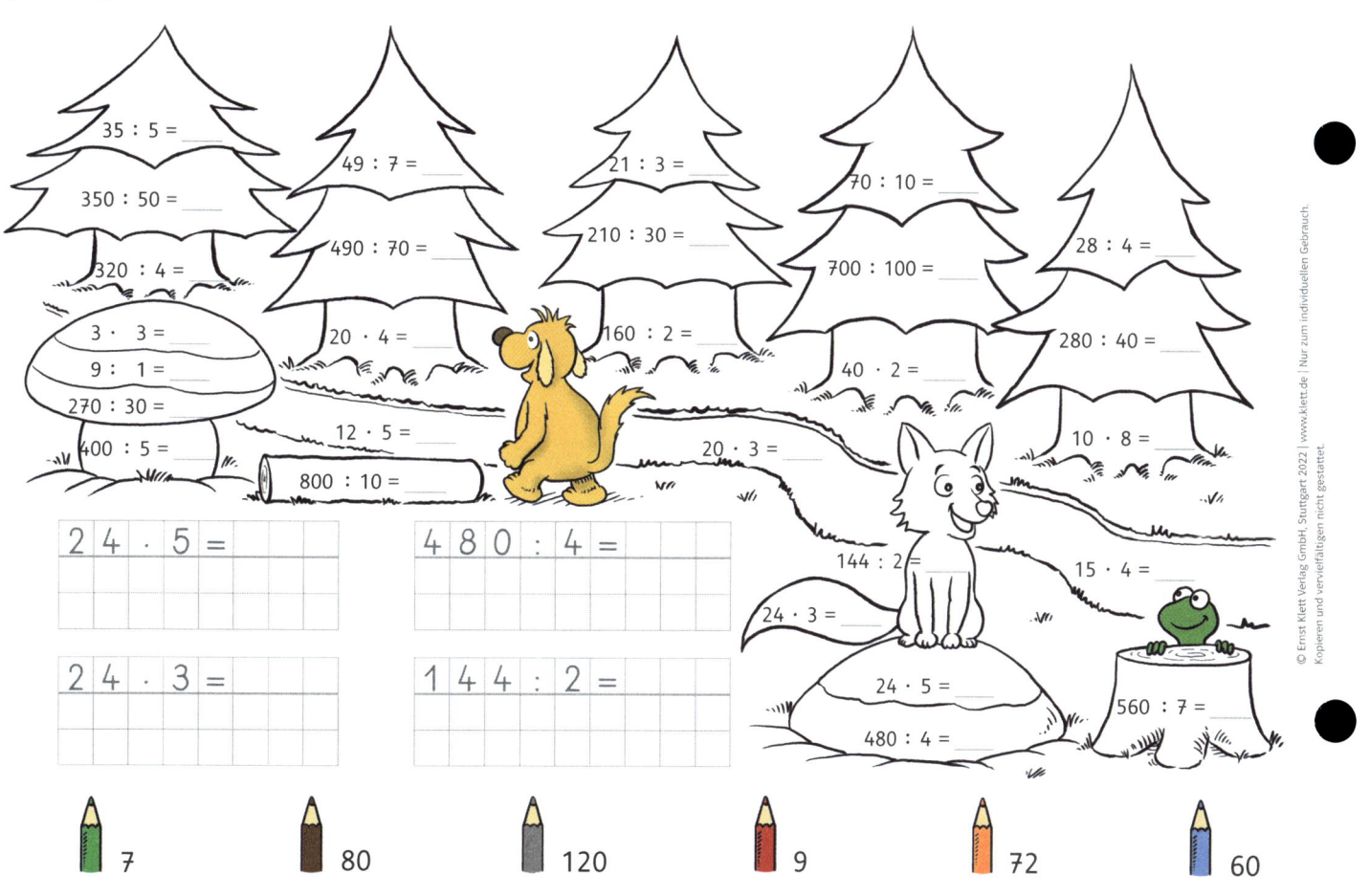

35 : 5 = _____

350 : 50 = _____

320 : 4 = _____

49 : 7 = _____

490 : 70 = _____

21 : 3 = _____

210 : 30 = _____

70 : 10 = _____

700 : 100 = _____

28 : 4 = _____

3 · 3 = _____

9 : 1 = _____

270 : 30 = _____

400 : 5 = _____

20 · 4 = _____

12 · 5 = _____

800 : 10 = _____

160 : 2 = _____

20 · 3 = _____

40 · 2 = _____

280 : 40 = _____

10 · 8 = _____

15 · 4 = _____

144 : 2 = _____

24 · 3 = _____

24 · 5 = _____

480 : 4 = _____

560 : 7 = _____

$24 \cdot 5 =$

$480 : 4 =$

$24 \cdot 3 =$

$144 : 2 =$

7   80   120   9   72   60

Zehnereinmaleins

 3 · 8 = _____   32 : 4 = _____

30 · 8 = _____   320 : 4 = _____

☺ ☺ ☹

Halbschriftliche Multiplikation

 7 · 4 8 = _____

·	40	8	
7			

☺ ☺ ☹

Halbschriftliche Division

85 : 5 = _____   P: _____ · 5 = _____

50 : 5 = _____   _____ · 5 = _____

_____ : 5 = _____   _____ · 5 = _____

☺ ☺ ☹

Multiplikation und Division üben

 2 4 8 : 2 = _____

200 : 2 = _____

40 : 2 = _____

8 : 2 = _____

Spitze,

_____!

23

In der Klasse 3a sind 27 Kinder. Jedes Kind hat 7 Stifte.

Frage: Wie viele Stifte sind es insgesamt?

Was passt? Kreuze an: + − · :

Lösungsweg:

Antwort: _____

Mini verschenkt 240 Lobkärtchen an 8 Klassen.

Danke für deine Hilfe!

Spitzenmäßig!

Frage: Wie viele Lobkärtchen bekommt jede Klasse?

Was passt? Kreuze an: + − · :

Lösungsweg:

Antwort: _____

Themenheft B, Verbrauch S. 30 Ausleihe S. 24

Mein Förderheft

Dieses Heft hat _48_ Seiten.

Es ist für Kinder im __ Schuljahr gedacht.

Auf jeder Seite stehen _____ Aufgaben.

Diese Seite hat die Seitenzahl ____ .

Es gibt __ Lob-Stopp-Seiten in diesem Heft.

Das Thema „Sachrechnen" beginnt auf der Seite ____ .

Weiter _____ gibt es noch mehr Aufgaben

zum Sachrechnen.

Fülle den Lückentext mit den Satzbausteinen sinnvoll aus.

| mehrere | ~~48~~ | 2 | 24 | hinten | 25 | 3. |

Schreibe zu jedem Preis einen Überschlag.

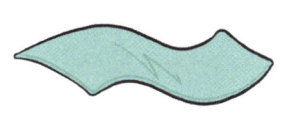

Decke: 18 €

Ü: __20__ €

Sitzwürfel: 39 €

Ü: _____ €

Bücherregal: 71 €

Ü: _____ €

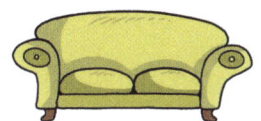

Sofa: 132 €

Ü: _____ €

Für die Leseecke wird eingekauft. Überschlage zuerst.

Frage: Was kosten ein Bücherregal und ein Sofa?

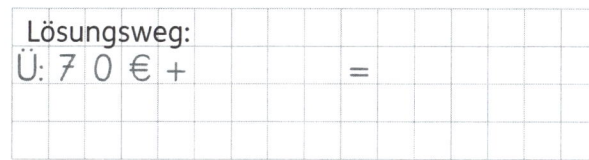

Lösungsweg:
Ü: 7 0 € +   =

Antwort: _____

_____

Frage: Was kosten 2 Sitzwürfel?

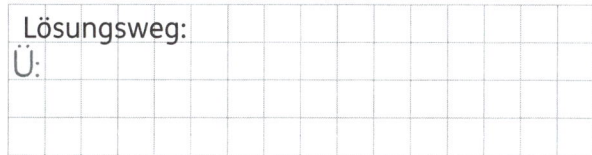

Lösungsweg:
Ü:

Antwort: _____

_____

Finde die nächstgelegene Zehnerzahl.

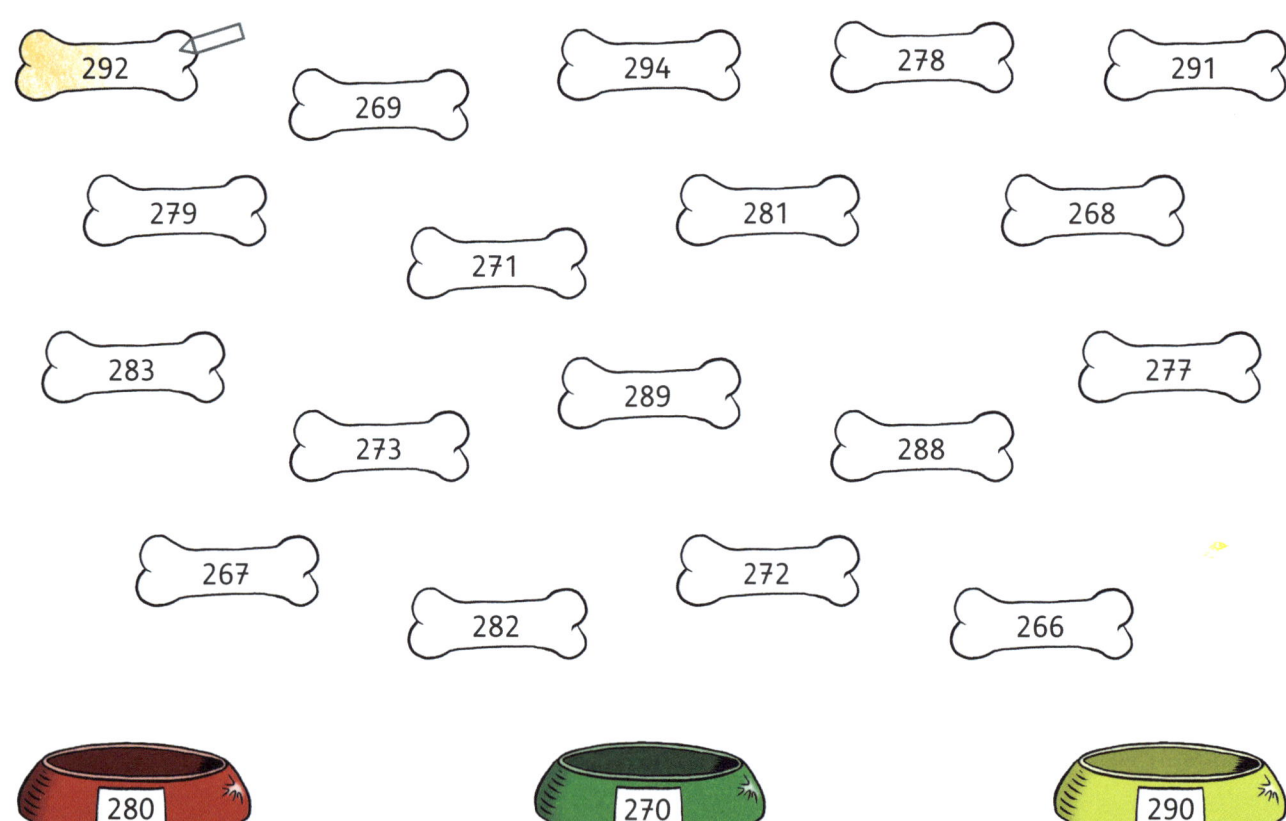

	H	Z	E
	6	5	2
+	3	1	4
			6

	H	Z	E
	9	7	2
+		1	6

Beginne immer mit den Einern.

	H	Z	E
	2	4	1
+	6	5	3

	H	Z	E
	5	0	7
+	1	8	2

	H	Z	E
	3	5	4
+	5	2	0

	H	Z	E
	6	2	3
+	1	7	4

	H	Z	E
	8	5	3
+	1	4	6

	H	Z	E
	4	0	2
+		7	5

	H	Z	E
	3	6	0
+	4	1	2

	H	Z	E
	1	9	7
+	2	0	1

	H	Z	E
	5	1	5
+	2	7	4

	H	Z	E
	4	5	0
+	3	2	8

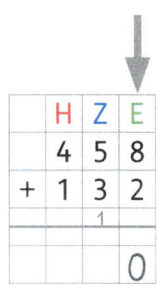

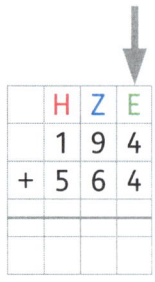

Denke an den Übertrag.

H	Z	E
4	5	8
+ 1	3	2
	1	
		0

H	Z	E
1	9	4
+ 5	6	4

H	Z	E
4	8	2
+ 3	4	5

H	Z	E
	6	9
+ 3	1	4

H	Z	E
5	7	6
+ 2	0	8

H	Z	E
2	5	8
+ 6	2	4

H	Z	E
3	4	7
+ 2	8	2

H	Z	E
2	9	3
+ 1	2	8

H	Z	E
4	8	1
+ 2	5	3

H	Z	E
5	7	0
+ 1	6	9

H	Z	E
4	9	8
+		4 8

H	Z	E
7	6	1
+ 1	6	9

Klecksaufgaben: Trage die richtigen Ziffern ein.

H	Z	E
2	3	5
+ 4	⬤	2
6	7	⬤

H	Z	E
5	6	2
+ 3	⬤	6
8	8	⬤

H	Z	E
4	⬤	1
+ 3	0	7
⬤	8	8

H	Z	E
6	6	6
+ 3	⬤	3
9	9	⬤

H	Z	E
2	8	⬤
+ 4	⬤	5
6	9	6

H	Z	E
⬤	8	2
+ 3	9	1
	1	
8	7	⬤

H	Z	E
6	2	1
+	4	⬤
	1	
⬤	7	0

H	Z	E
5	4	3
+ 3	⬤	8
	1	
8	5	⬤

H	Z	E
2	⬤	7
+ 7	3	9
	1	
9	8	⬤

H	Z	E
2	⬤	4
+ 3	6	2
	1	
⬤	4	6

Beginne immer mit den Einern.

H	Z	E
4	5	7
− 1	0	3
		4

H	Z	E
6	8	4
−		5	2

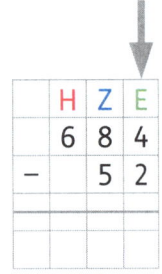

H	Z	E
5	6	4
− 3	1	3

H	Z	E
7	3	8
− 6	2	7

H	Z	E
6	9	6
− 2	6	6

H	Z	E
8	4	3
− 6	2	0

H	Z	E
5	2	9
− 4	1	1

H	Z	E
7	6	3
−		4	2

H	Z	E
8	3	2
− 4	1	1

H	Z	E
9	4	5
− 5	2	2

H	Z	E
1	6	8
−		2	7

H	Z	E
8	0	7
− 4	0	6

H	Z	E
3	3	3
− 1	2	6

H	Z	E
8	7	4
− 2	9	3

Denke an den Übertrag.

H	Z	E
4	3	6
− 2	7	5

H	Z	E
7	5	3
− 3	8	1

H	Z	E
9	7	6
− 5	8	2

H	Z	E
5	4	2
− 3	7	1

H	Z	E
6	7	4
− 2	9	2

H	Z	E
6	2	8
−	4	9

H	Z	E
5	3	1
− 2	1	3

H	Z	E
7	6	4
− 1	5	8

H	Z	E
4	2	5
−	6	3

H	Z	E
8	4	3
− 6	1	7

Klecksaufgaben: Trage die richtigen Ziffern ein.

H	Z	E
8	4	7
− 5		6
3	2	

H	Z	E
9	3	2
− 7		
2	0	1

H	Z	E
2	8	4
−	6	3
1		1

H	Z	E
6	5	
−	2	1
3	3	3

H	Z	E
4	5	
−	2	7
	3	2

H	Z	E
4		6
− 2	7	1
1	8	5

H	Z	E
7	2	5
− 2		1
4	9	4

H	Z	E
3	8	9
− 1	9	9
	9	0

H	Z	E
1	8	7
−	5	8
1		9

H	Z	E
9	8	
− 3	6	4
6	1	7

Kontrolliere mit der Umkehraufgabe. Richtig ☑ oder falsch f ?

	H	Z	E
	6	8	9
−	5	3	4
	1	5	4̸	f

P:	H	Z	E
	1	5	4
+	5	3	4
			8

	H	Z	E
	5	7	4
−	1	2	2
	4	5	2

P:	H	Z	E
	4	5	2
+	1	2	2

	H	Z	E
	8	0	7
−	4	6	2

P:	H	Z	E
+	4	6	2

	H	Z	E
	3	5	2
−	2	4	8

P:	H	Z	E
+	2	4	8

Kontrolliere mit der Umkehraufgabe. Richtig ☑ oder falsch f ?

| 10 · 5 = ___ |
| 20 · 5 = ___ |
| 30 · 5 = ___ |
| 40 · 5 = ___ |
| 50 · 5 = ___ |
| 60 · 5 = ___ |
| 70 · 5 = ___ |
| 80 · 5 = ___ |
| 90 · 5 = ___ |
| 100 · 5 = ___ |

```
3 6 5 : 5 = 7 3     ☐
3 5 0 : 5 = 7 0
  1 5 : 5 =     3

P: 7 3 · 5 =
   7 0 · 5 =
      3 · 5 =
```

```
4 8 0 : 5 = 9 5     ☐
4 5 0 : 5 = 9 0
  3 0 : 5 =     5

P: 9 5 · 5 =
   9 0 · 5 =
      5 · 5 =
```

```
2 9 0 : 5 =         ☐
2 5 0 : 5 =
  4 0 : 5 =

P:       · 5 =
         · 5 =
         · 5 =
```

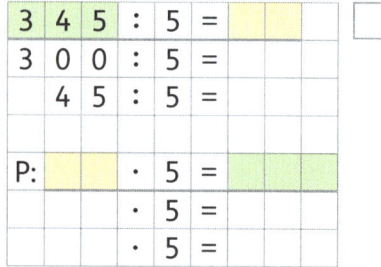

```
3 4 5 : 5 =         ☐
3 0 0 : 5 =
  4 5 : 5 =

P:       · 5 =
         · 5 =
         · 5 =
```

Überschlage. Setze dann < oder > ein.

302 + 199   >400

Ü: _300_ + _200_ = _500_

     _500_   >400

506 − 389   ◯300

Ü: _500_ − _400_ = _____

     _____   ◯300

499 + 188   ◯600

Ü: _____ + _____ = _____

     _____   ◯600

698 − 401   ◯200

Ü: _____ − _____ = _____

     _____   ◯200

611 + 302   ◯800

Ü: _____ + _____ = _____

     _____   ◯800

895 − 312   ◯500

Ü: _____ − _____ = _____

     _____   ◯500

D01 oder n92ht4

<, > oder = ?

6 · 70 ◯ 400

<u>420</u> ◯ 400

5 · 80 ◯ 400

_____ ◯ 400

9 · 60 ◯ 600

_____ ◯ 600

3 · 50 ◯ 200

_____ ◯ <u>200</u>

8 · 70 ◯ 500

_____ ◯ _____

2 · 90 ◯ 200

_____ ◯ _____

350 : 7 ◯ 40

_____ ◯ 40

270 : 9 ◯ 50

_____ ◯ 50

210 : 3 ◯ 70

_____ ◯ 70

160 : 2 ◯ 70

_____ ◯ <u>70</u>

360 : 6 ◯ 60

_____ ◯ _____

320 : 8 ◯ 50

_____ ◯ _____

Bilde Additionsaufgaben.

Markiere: Rechne geschickt.

| 27 | 35 | 23 | 15 |

$27 + 23 + 35 + 15$

$50 + 50$ = ____

| 41 | 28 | 52 | 39 |

___ + ___ + ___ +

___ + ___ = ____

| 64 | 16 | 33 | 57 |

___ + ___ + ___ + ___

___ + ___ = ____

Bilde Subtraktionsaufgaben.

Markiere: Rechne geschickt.

| 138 | 56 | 38 |

$138 - 38 - 56$

$100 - 56$ = ___

| 225 | 125 | 43 |

 $225 - $ ___ − ___

___ − ___ = ____

| 92 | 51 | 392 |

___ − ___ − ___

___ − ___ = ____

© Ernst Klett Verlag GmbH, Stuttgart 2022 | www.klett.de | Nur zum individuellen Gebrauch.
Kopieren und vervielfältigen nicht gestattet.

Bilde Multiplikationsaufgaben. Markiere: Rechne geschickt.

●

| 5 | 30 | 2 |

$5 \cdot 2 \cdot 30 =$ _____
$10 \qquad \cdot 30 =$ _____

| 3 | 25 | 0 |

_____ $\cdot$ _____ $\cdot$ _____ $=$ _____
_____ $\qquad \cdot$ _____ $=$ _____

●

| 7 | 10 | 4 |

_____ $\cdot$ _____ $\cdot$ _____ $=$ _____
_____ $\qquad \cdot$ _____ $=$ _____

| 9 | 4 | 5 |

$4 \cdot$ _____ $\cdot$ _____ $=$ _____
_____ $\qquad \cdot$ _____ $=$ _____

| 5 | 6 | 6 |

_____ $\cdot$ _____ $\cdot$ _____ $=$ _____
_____ $\qquad \cdot$ _____ $=$ _____

| 8 | 7 | 5 |

_____ $\cdot$ _____ $\cdot$ _____ $=$ _____
_____ $\qquad \cdot$ _____ $=$ _____

Markiere: Was rechnest du zuerst?

$3 \cdot 6 + 22 =$ ___

___ $+ 22 =$ ___

$45 + 5 \cdot 9 =$ ___

$45 +$ ___ $=$ ___

$21 + 4 \cdot 6 =$ ___

___ $+$ ___ $=$ ___

$7 \cdot 8 - 16 =$ ___

___ $-$ ___ $=$ ___

$32 - 2 \cdot 0 =$ ___

___ $-$ ___ $=$ ___

$6 \cdot 4 - 12 =$ ___

___ $-$ ___ $=$ ___

$36 : 4 + 11 =$ ___

___ $+$ ___ $=$ ___

$70 + 25 : 5 =$ ___

___ $+$ ___ $=$ ___

$28 + 60 : 10 =$ ___

___ $+$ ___ $=$ ___

$35 : 7 - 5 =$ ___

___ $-$ ___ $=$ ___

$81 : 9 - 6 =$ ___

___ $-$ ___ $=$ ___

$20 - 40 : 8 =$ ___

___ $-$ ___ $=$ ___

Sachrechnen

Setze passend ein: | 30 | 7 | 365 | 31 |

Das Jahr hat _____ Tage.

Ein Monat hat _____ oder _____ Tage.

Eine Woche hat _____ Tage.

Schriftliche Addition

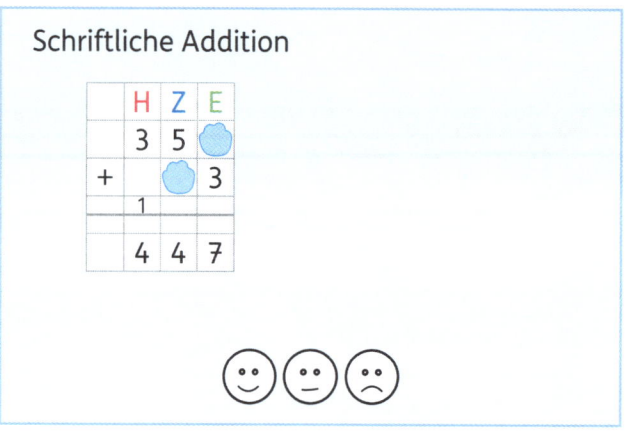

Schriftliche Subtraktion

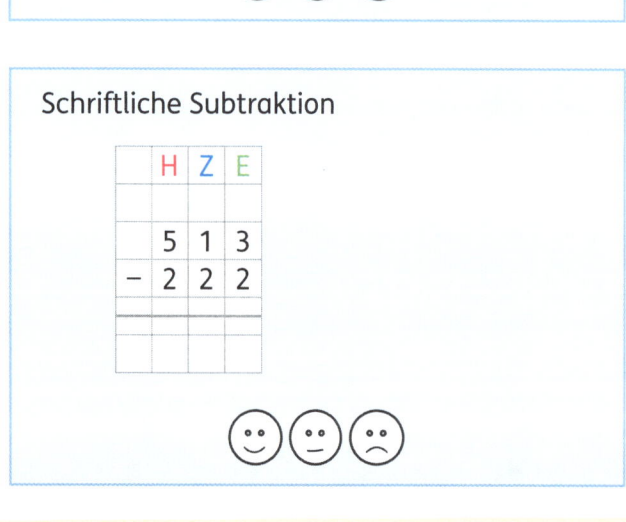

Alle Rechenarten

Markiere:

Was rechnest du zuerst?

Toll, _____!

$23 - 4 \cdot 2 = $ ____

____ $-$ ____ $=$ ____

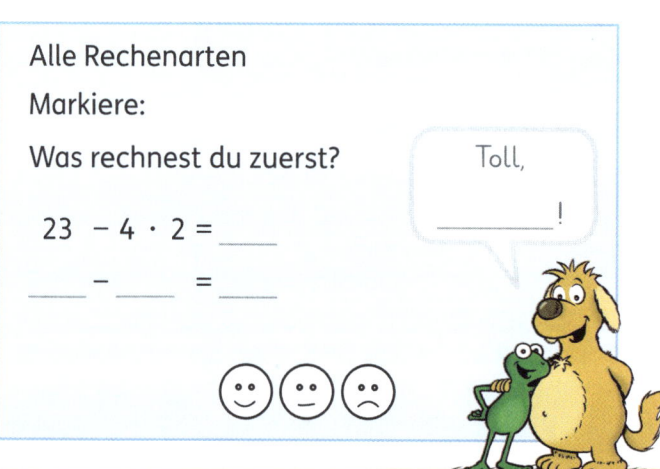

Anzahl an Rezepten	1	2			
Portionen Müsli	4				20

Müsli für 4 Portionen

3 Esslöffel
  Haferflocken
2 Tassen Joghurt
1 Banane
2 Teelöffel Rosinen
4 Esslöffel Beeren
2 Teelöffel Honig

Schreibe Einkaufslisten:

Müsli für 20 Kinder.

$3 \cdot 5 =$ ____ Esslöffel Haferflocken

$2 \cdot$ __ $=$ ____ Tassen Joghurt

$1 \cdot$ __ $=$ ____ Bananen

__ $\cdot$ __ $=$ ____ Teelöffel Rosinen

__ $\cdot$ __ $=$ ____ Esslöffel Beeren

__ $\cdot$ __ $=$ ____ Teelöffel Honig

Müsli für 8 Kinder.

$3 \cdot$ __ $=$ ____ Esslöffel Haferflocken

$2 \cdot$ __ $=$ ____ Tassen Joghurt

$1 \cdot$ __ $=$ ____ Bananen

__ $\cdot$ __ $=$ ____ Teelöffel Rosinen

__ $\cdot$ __ $=$ ____ Esslöffel Beeren

__ $\cdot$ __ $=$ ____ Teelöffel Honig

Berechne für unterschiedlich viele Gläser die

benötigten Zutaten für ein Bananen-Milchshake.

Bananen-Milch-
shake für 2 Gläser

1 Banane
3 Tassen Milch

Anzahl Gläser	2	4	6	8	10
Anzahl Bananen	1				
Tassen Milch	3				

1 Packung Milch ergibt 8 Tassen Milch.

Richtig ☑ oder falsch ⨍ ? Kreuze an:

☐ 1 Packung Milch reicht für 4 Gläser Bananen-Milchshakes.

☐ 1 Packung Milch reicht für 8 Gläser Bananen- Milchshakes.

☐ Für 6 Gläser Bananen-Milchshake braucht man 4 Bananen.

☐ Für 10 Gläser Bananen-Milchshake braucht man 5 Bananen.

Die Kinder der Sonnenschein-Schule werden befragt,
welche neuen Spielgeräte sie sich für die Pause wünschen.
Hier sind die Ergebnisse der Klassen 3a und 3b:

	Spring-seile (S)	Roller (R)	Bälle (B)	Pedalos (P)
Klasse 3a	5	2	4	9
Klasse 3b	3	5	7	6
gesamt	8			

Klasse 3

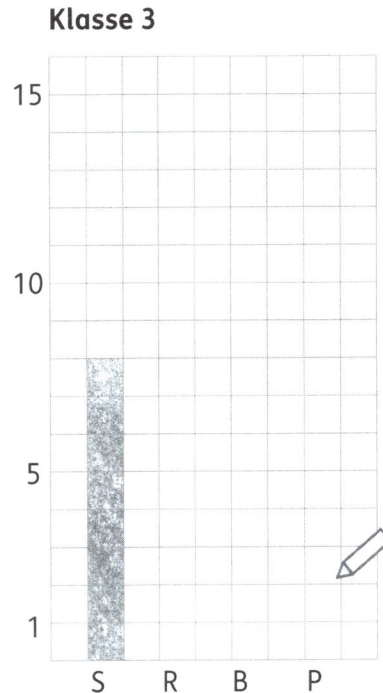

Ergänze die Tabelle.

Ergänze das Säulendiagramm.

Was wünschen sich die meisten Kinder?

_____

_____

Hier sind die Ergebnisse der Klassen 2a und 2b:

	2a	2b	gesamt
Springseile (S)	6	5	11
Roller (R)	9	7	
Bälle (B)	7	10	
Pedalos (P)	5	2	

Ergänze die Tabelle.

Ergänze das Balkendiagramm.

Klasse 2

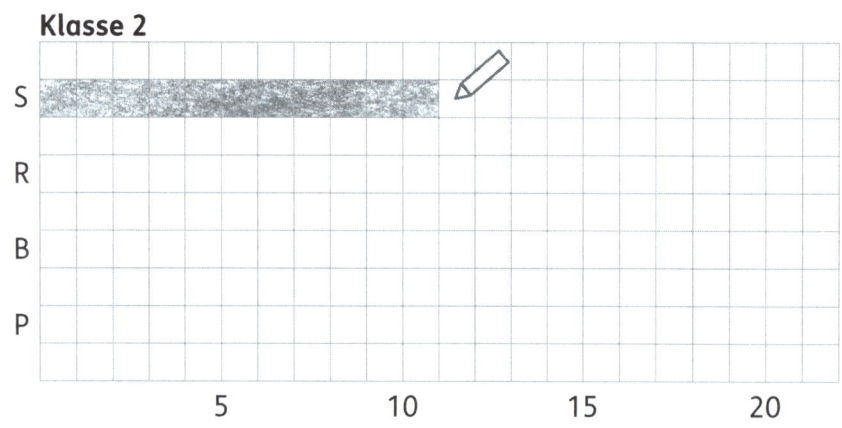

Womit spielst du am liebsten?

_____

_____

Wenn ich Informationen suche, kann ich verschiedene Medien nutzen.

☐ Auf der letzten Seite der Themenhefte finde ich wichtige Mathe-Wörter.

☐ In einem Lexikon werden verschiedene Themen erklärt. Die Themen sind oft nach dem Alphabet geordnet.

☐ Im Internet kann ich auf die Seite einer Suchmaschine gehen. Ich wähle eine Suchmaschine für Kinder. Wenn ich einen Suchbegriff eingebe, werden viele Seiten mit Erklärungen angezeigt.

☐ Ich kann auch jemanden fragen, wenn ich Informationen suche. Ich schreibe meine Fragen vorher auf.

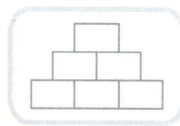

Vorbereitung:

☐ Ich wähle ein Thema.

☐ Ich mache mir Notizen.

☐ Ich überlege, was ich erklären möchte.

☐ Ich suche Aufgaben, Bilder oder Material,
um meine Erklärung zu veranschaulichen.

☐ Ich übe meine Erklärung.

Aufnahme:

☐ Ich bitte einen Freund/eine Freundin,
das Erklärvideo mit einer Kamera zu filmen.

☐ Ich spreche deutlich.

☐ Ich schaue in die Kamera.

☐ Ich halte Materialien gut sichtbar in die Kamera.

Datei speichern

Max

„Hausaufgaben"

speichern   abbrechen

Hausaufgaben

Max

Mail senden

Hausaufgaben

Speichern:

☐ Ich bearbeite eine Datei am Computer.

☐ Ich klicke auf „Speichern" und
wähle einen Ordner aus.

☐ Ich gebe meiner Datei einen Namen.

☐ Ich klicke auf „Speichern".

☐ Wenn ich an der Datei weiterarbeiten möchte, suche
ich sie in meinem Ordner und kann sie wieder öffnen.

Anhang:

☐ Wenn ich die Datei als E-Mail-Anhang verschicken
möchte, klicke ich im E-Mail-Programm auf die
Büroklammer.
Ich wähle den Ordner und die Datei aus.